Grandes mentes y pequeñas cosas

Matthew Qvortrup

Grandes mentes
y pequeñas cosas

La enciclopedia filosófica
de la vida cotidiana

Traducción de Violeta Radovich Ruiz

Alianza editorial
El libro de bolsillo

Título original: *Great Minds on Small Things. The Philosopher's Guide to Everyday Life*

Primera edición: enero de 2026

Diseño: Estrada Design
Diseño de cubierta: Manuel Estrada

PAPEL DE FIBRA
CERTIFICADA

© Matthew Qvortrup, 2023
© de la traducción: Violeta Radovich Ruiz, 2026
© Alianza Editorial, S. A., Madrid, 2026
    Calle Valentín Beato, 21
    28037 Madrid
    www.alianzaeditorial.es

ISBN: 979-13-7009-121-7
Depósito legal: M-19855-2025
Impreso en España - Printed in Spain

Índice

Prefacio

En 1978, la banda de *new wave* Talking Heads lanzó un álbum titulado *More Songs About Buildings and Food*, que significa «más canciones sobre edificios y comida», es decir, cosas sobre las que las estrellas internacionales del rock no suelen cantar. Las canciones de pop y rock normalmente giran en torno al tema del amor; canciones como el éxito de 1976 de Rose Royce *Car Wash* (lavado de coches) y *Taxman* (recaudador de impuestos), de George Harrison —¡escrita como respuesta a una tasa marginal del Gobierno británico del noventa y seis por ciento!—, están entre las pocas excepciones.

Del mismo modo, los filósofos se limitan a la epistemología*, la metafísica*, la ética*, la lógica* y nimiedades como el significado de la vida. Pero, muy de vez en cuando, los grandes pensadores se alejan de su te-

rreno habitual y escriben sobre, por ejemplo, las verduras (Ludwig Wittgenstein), los edificios (Martin Heidegger), la comida (Thomas Hobbes), el vino (John
Locke) o las heces (Platón), por decir unos cuantos.
Este libro reúne —para instruirte y, espero, entretener-
te— las reflexiones de nuestros grandes pensadores sobre estas pequeñas cosas de la vida, por no hablar de
las calderas, el café, los pedos, la cerveza y las abejas.

Recopilar estas citas, dirán algunos, no supone ninguna novedad. Esto es verdad y mentira al mismo tiempo. Hace más de doscientos cincuenta años, el filósofo francés Voltaire (1694-1778) publicó su *Dictionnaire
philosophique* (1764), que incluía entradas sobre el adul-
terio, las montañas, la desnudez y muchos otros temas poco filosóficos. Un libro escrito por otro francés
de cosecha más reciente, *Mythologies* de Roland Barthes (1915-1980), publicado en 1957, contenía reflexiones filosóficas sobre temas que iban desde la lucha libre, pasando por el *striptease*, hasta el entonces nuevo
Citroën DS.

Sin embargo, estos libros abarcaban sobre todo las
propias reflexiones de estos dos autores y no las de
otros grandes pensadores. Y, ya que estamos, el lógico
estadounidense W. V. Quine publicó *Quididades*, con
el subtítulo *Un diccionario filosófico intermitente*[1], que
citaba el libro de Voltaire como inspiración. El libro

---

1. W. V. Quine, *Quiddities: An Intermittently Philosophical Dictionary.* Harvard
University Press: 1989.

de Quine es ingenioso, en ocasiones extraño y a menudo maravilloso. Aun así, a pesar de su título, este libro trata asuntos más bien complejos como el teorema de Gödel, el de Fermat y el «espacio-tiempo», todos fascinantes pero bastante intelectualoides. *Grandes mentes y pequeñas cosas*, por lo tanto, se diferencia de esos otros libros fundamentalmente en que es una recopilación —quizá la primera del mundo— de los comentarios, observaciones y afirmaciones que algunos de los filósofos más famosos de todos los tiempos han pronunciado sobre las cosas cotidianas de la vida. Ahora bien, puede que este proyecto te parezca frívolo a más no poder y, aparte, inútil. Puede que lo sea y, en muchos sentidos, lo cierto es que me da lo mismo. ¿Por qué no podemos divertirnos y leer cosas simplemente porque sí?

Además de ser literalmente «inútil», este libro también plantea reflexiones que invitan al lector a pensar por sí mismo, misma o misme, ya que muchas de sus entradas tratan debates y discusiones más generales. Así que, aunque no es un libro de referencia ni que probablemente vaya a estar en la lista de lecturas recomendadas de ninguna facultad de Humanidades, puede resultar interesante para quienes estén aburridos de los textos convencionales pero fascinados al mismo tiempo por las mentes maravillosamente enloquecidas que han dado forma al mundo de las ideas a lo largo de los siglos. Es posible que de vez en cuando haya términos filosóficos técnicos, como «empirista», «ontología» y demás. Están marcados con un asterisco y tienen una breve explicación no técnica al final del libro.

Algunos pensadores han sido más proclives que otros a pensar en lo filosóficamente impensable o lo llanamente raro: Aristóteles, por ejemplo, porque escribió resmas y resmas a lo largo de su vida, y Wittgenstein porque, bueno, era Wittgenstein. Algunas de las observaciones te parecerán profundas y esclarecedoras, pero otras son obviamente disparates que demuestran que los grandes pensadores a veces eran bastante estrafalarios e incluso se equivocaban.

Los lectores avispados verán que la mayoría de entradas están extraídas de filósofos occidentales, que además son en su mayoría hombres blancos muertos. Por desgracia, en el pasado no se valoró ni publicó a muchas escritoras, o se las publicó pero cayeron en el olvido casi por completo. Pero esto ha ido cambiando en los últimos años. Es por esto que muchas de las escritoras citadas en este libro trabajaron en el siglo XX. Asimismo, la mayor parte de las entradas están escritas por los pertenecientes a la corriente europea, salvo por algunas intrigantes citas de pensadores como Confucio, Lao Tse y otros. Pero los escritores y pensadores citados son por lo general de la tradición de las *Abendland* —la tierra del ocaso—, tal y como llaman los alemanes con tanta poesía a Occidente. Insisto en que esto no es porque los pensadores de la tradición oriental u otras no fueran profundos o prolíficos. Tan solo refleja la formación y el entorno del abajo firmante.

Espero que alguien que conozca mejor estas otras tradiciones globales pueda escribir un volumen que complemente a este en el futuro.

Las entradas de este librito están en orden alfabético, al igual que el *Dictionnaire* de Voltaire. No se ha seguido ningún método específico al recopilarlas.

A lo largo de los años —décadas, en realidad—, mientras preparaba y daba clases sobre la historia de las ideas o de la filosofía, a menudo me sorprendían lo raras que eran las acotaciones que contenían algunos de los libros del canon occidental más importantes y célebres. Las fui apuntando en cuadernos y muchas de ellas están recogidas aquí. Algunas de las entradas de este libro son adaptaciones de artículos que he ido escribiendo durante años en mi columna de la revista *Philosophy Now*, pero la mayoría no las había publicado antes. Bienvenido, pues, al extraño y —creo— maravilloso mundo de lo que dicen los mayores pensadores sobre las cosas más pequeñas de la vida. Puede que este diccionario no te ayude mucho si quieres hacer carrera como filósofo académico, pero espero que te sorprenda, te entretenga y tal vez te impresione con su recorrido por estas irreverentes observaciones sobre lo cotidiano.

Matthew Qvortrup
Kew
Octubre de 2023

A

ABEJAS

Puede que el título de *La fábula de las abejas* del médico neerlandés Bernard Mandeville (1670-1733) nos haga pensar en una especie de estudio zoológico sobre las relaciones sociales de nuestros queridos insectos a rayas que recogen néctar. Pero en realidad, este libro de 1714, con el subtítulo de *Vicios privados, beneficios públicos*, es una ingeniosa alegoría de las supuestas virtudes del egoísmo, que a su vez inspiró a gente como Adam Smith (1723-1790), Friedrich Hayek (1899-1992) y Margaret Thatcher (1925-2013).

Sin embargo, las abejas han fascinado e incluso enamorado de hecho a otros pensadores. Francis Bacon (1561-1626) escribió que «la abeja, el punto medio entre [la hormiga y la araña], extrae materia de las flores del jardín y el campo, pero la trabaja y le da forma con su propio esfuerzo. La verdadera labor de la filosofía se parece a esta»[1]. A Bacon se lo considera el primer filósofo moderno en escribir de manera científica y romper con la tradición de Aristóteles. Su libro se llamó el «nuevo» *Organum* para diferenciarlo del libro de Aristóteles, mucho más antiguo, que se llamaba solo *Organum*, una palabra griega que significa «herramienta» o «instrumento».

Pero el filósofo y científico inglés no era tan diferente del antiguo maestro. De hecho, sus descripciones eran más bien parecidas, y Aristóteles, como de costumbre, daba muchos detalles:

> Existen diversas variedades de abejas. La mejor es pequeña, redonda y con pintas; otra es larga y se parece a un abejón; una tercera, la llamada ladrona, es negra y su abdomen es aplanado; una cuarta, el zángano, es la más grande de ellas en tamaño, pero no tiene aguijón y es holgazán; por ello algunos colmeneros a veces rodean la colmena de una red que permite la entrada de las abejas, pero no de los zánganos, por ser más grandes que las abejas[2].

Thomas Hobbes (1588-1679) también aludió a este pequeño y sociable animal en su mayor obra y escribió que:

1. Francis Bacon, *Novum organum*. Oxford: Clarendon Press, 1889.
2. Aristóteles, *Historia de los animales*. Madrid: Akal, 1990.

Es verdad que algunas criaturas vivientes, como las abejas y las hormigas, viven sociablemente unas con otras, y por eso Aristóteles las incluye en la categoría de los animales políticos. Y, sin embargo, no tienen otra dirección que la que les es impuesta por sus decisiones y apetitos particulares y carecen de lenguaje con el que comunicarse entre sí lo que cada una piensa que es más adecuado para lograr el beneficio común[3].

Incluso Søren Kierkegaard (1813-55) meditó sobre el trabajo de las abejas, aunque solo mientras reflexionaba sobre la naturaleza de una gran obra de arte. En uno de sus primeros libros, el magno *O lo uno o lo otro*, argumentó que el arte es obra de un genio y que lo bello se hace de manera consciente, pues, de no ser así, un panal también sería obra de genios[4]. Pero puede que la premisa de Kierkegaard no fuera correcta. ¿Por qué debe una obra de arte tener como autor a un solo individuo? ¿No es precisamente la habilidad de actuar socialmente y crear algo a través del esfuerzo colectivo la genialidad de las abejas? Y, de forma más general, ¿pueden las multitudes crear arte?

Las investigaciones modernas sugieren que en el reino animal se da algo parecido a los referéndums, aunque sin la polarización que a menudo caracteriza el voto sobre cuestiones concretas entre los humanos. «Cuando un enjambre de abejas elige su futuro hogar, ejecu-

3. Thomas Hobbes, *Leviatán*. Madrid: Alianza Editorial, 2018, p. 232.
4. Søren Kierkegaard, *O lo uno o lo otro*. Madrid: Trotta, 2006.

ta una forma de democracia conocida como democracia directa, en la que los individuos de una comunidad que deciden participar en la toma de decisiones lo hacen personalmente en vez de a través de representantes», escribe Thomas D. Seeley en su libro *Honeybee Democracy*[5] (La democracia de las abejas). Está claro que las abejas son lo que Aristóteles llamó *zoon politikon*, un animal político. Y por eso nos inspiran a tantos de nosotros, filósofos incluidos.

ALCACHOFA

Ludwig Wittgenstein fue uno de los pocos filósofos que pensaron sobra la humilde alcachofa y, por supuesto, lo hizo para ilustrar una cuestión filosófica: «Para encontrar la verdadera alcachofa, la despojamos de sus hojas, pero lo esencial no estaba oculto bajo la superficie»[6]. Bueno, me sabe mal decirlo, pero tiene pinta de que Wittgenstein no era muy buen cocinero. Está claro que es en el interior de la alcachofa donde está la parte comestible.

AMOR

Puede que John Stuart Mill no tuviera aspecto de rompecorazones o de héroe romántico. Pero sea cual sea

5. Thomas Seeley, *Honeybee Democracy.* Princeton y Oxford: Princeton University Press, 2010.
6. Ludwig Wittgenstein, *Investigaciones filosóficas*. Madrid: Trotta, 2021.

nuestro físico, todos —espero— nos enamoramos. Y a muchos de los que lo hacemos nos gustaría tener el don para la escritura que tenía Mill. Y es que no solo era un ensayista elocuente que podía explicar el significado de la libertad, la economía política o la lógica abstracta. No, Mill también era capaz de expresar sus sentimientos más profundos. Basta con leer este fragmento de su diario:

> ¡Qué sentido de protección nos es dado cuando se tiene conciencia de que se nos ama, y qué sentido adicional, además y por encima de este, cuando estamos cerca del ser por el que más desearíamos ser amados! En el presente tengo experiencia de ambas cosas. Pues siento como si ninguna enfermedad peligrosa pudiera afectarme mientras la tenga a ella para que me cuide; y al apartarme de su lado siento como si hubiese abandonado una especie de talismán y estuviera más expuesto a los ataques del enemigo que cuando estaba con ella[7].

Mill y Harriet Taylor Mill llevaban tres años casados cuando escribió estas líneas. Sorprendentemente, no han sido muchos los filósofos que han escrito sobre el amor. Quizá porque este sentimiento no se presta al análisis racional. Pero hay excepciones, claro. Y Platón es una de ellas.

---

7. John Stuart Mill, «9 de enero de 1854», en *Diario*. Madrid: Alianza Editorial, 1996.

En *El banquete* (c. 385-370 a. C.), observó que «Eros es un dios grande y admirable entre hombres y dioses». Y, yendo más al grano, dijo: «Yo, al menos, no puedo decir que haya para un joven recién llegado a la adolescencia un bien más grande que un amante virtuoso»[8]. En este mismo pasaje dejó claro que este amante debería ser un hombre.

Lo que los mejores filósofos tienen que decir sobre el tema suele encontrarse en sus cartas privadas, como las de Martin Heidegger y Hannah Arendt. Estas cartas estaban tan llenas de deseo, cariño y pasión que acabaron siendo pura poesía. «Te beso en la frente y en los ojos», le escribió Arendt a Heidegger, que, en muchas otras cartas de amor, le respondía llamándola *meine Liebste*, «mi amadísima»[9].

Cuando estás enamorado, hasta las tareas más mundanas e insignificantes del día a día son más llevaderas, y flotas en una nube de alegría. Hannah Arendt, a diferencia de Heidegger, era una profesional en lo que a escribir sobre el amor se refiere. De hecho, se doctoró con una tesis sobre el inusual tema del concepto de amor en san Agustín, que tituló *Amor y san Agustín*, aunque el santo católico escribió muy poco sobre el asunto[10]. Más o menos cuando ella estaba es-

---

8. Platón, *El banquete*. Madrid: Alianza Editorial, 2013, p. 68.
9. Hannah Arendt y Martin Heidegger, *Correspondencia (1925-1975)*. Barcelona: Herder, 2017.
10. Hannah Arendt, *El concepto de amor en san Agustín*. Madrid: Encuentro, 2009.

cribiendo su tesis, José Ortega y Gasset (1883-1955) publicó sus *Estudios sobre el amor*. Sin embargo, algunas de las inescrutables líneas de este libro —como «En el amor es todo actividad. Y en lugar de consistir en que el objeto venga a mí, soy yo quien va al objeto y estoy en él. En el acto amoroso, la persona sale fuera de sí: es tal vez el máximo ensayo que la naturaleza hace para que cada cual salga de sí mismo hacia otra cosa»[11]— hacen que nos preguntemos si el español se enamoró de otro ser humano en algún momento. Si nos basamos en esta cita, parece que la respuesta es que no.

ANIMALES

Dicen que una vez Friedrich Nietzsche (1844-1900), estando al borde de la locura, se abrazó a un caballo. Su amo le había estado dando latigazos de manera cruel. El filósofo alemán sintió que tenía el deber de disculparse por su situación, indirectamente provocada por otros pensadores y, sobre todo, por su colega René Descartes (1596-1650) —el que dijo «pienso, luego existo», por si se te había olvidado—, muerto hacía tiempo.

El francés, como quizá sepas o quizá no, dijo que los animales eran como sofisticados relojes mecánicos y, por tanto, carecían de razón. Básicamente, Descartes sostenía que eran máquinas, por lo que se los podía

---

11. José Ortega y Gasset, *Estudios sobre el amor*. Madrid: Alianza Editorial, 2022, p. 20.

tratar como a objetos inanimados. En una carta a un caballero inglés, el filósofo francés expuso así sus ideas:

> Bien sé que los animales hacen muchas cosas mejor que nosotros; pero no me asombro de ello, pues esto mismo sirve para probar que actúan naturalmente y por resortes, como un reloj que muestra la hora mucho mejor de lo que nuestro juicio nos la enseña. Y sin duda, cuando las golondrinas llegan en la primavera, actúan en ello como relojes[12].

Circulan por ahí historias de terror sobre que el francés diseccionó al perro de su mujer mientras seguía vivo. Pero es un rumor malicioso e infundado. Para empezar, Descartes nunca se casó, y trataba a su perro —que se llamaba Monsieur Grat (Señor Pulgoso)— con cariño. En la práctica no era nada cruel, pero es cierto que a un nivel filosófico no pensaba mucho en las vidas interiores de nuestros amigos de cuatro patas ni de cualquier otro animal.

Aunque hay muchos animales que revelan más industria que nosotros en algunas de sus acciones, se observa, sin embargo, que no manifiestan ninguna en muchas otras, de suerte que eso que hacen mejor que nosotros no prueba que tengan ingenio, pues en ese caso tendrían más que ninguno de nosotros y harían mejor que nosotros

---

12. René Descartes, *Carta al Marqués de Newcastle*, 23 de noviembre de 1646.

todas las demás cosas, sino prueba más bien que no tienen ninguno y que es la naturaleza la que en ellos obra, por la disposición de sus órganos, como vemos que un reloj, compuesto sólo de ruedas y resortes, puede contar las horas y medir el tiempo con mayor exactitud que nosotros con toda nuestra prudencia[13].

Aunque en la vida Descartes no fuera tan cruel como dice su reputación, su opinión constituía un atraso para los derechos de los animales. Inmediatamente después de que el filósofo racionalista* francés se pronunciara sobre esto, el obispo George Berkeley (1685-1753), un filósofo empirista* irlandés, hizo una observación similar: «Las facultades de las bestias no llegan en manera alguna a la abstracción»[14]. Para la gente como Berkeley, «abstracción» quería decir pensamiento. Así que, fundamentalmente, pensaba lo mismo que Descartes. Sin embargo, la reputación del obispo irlandés era mejor y no fue señalado por su crueldad hacia los animales. Eran los pecados de Descartes, no los de Berkeley, los que Nietzsche quería expiar.

Nietzsche tenía razones para disculparse, al menos si nos centramos en la filosofía del siglo XVII y principios del XVIII. Durante aquella época, las cosas iban cada vez peor para nuestros amigos los animales. Las descripciones que hicieron Descartes y Berkeley de los

13. René Descartes, *Discurso del método*. Madrid: Alianza Editorial, 2011, p. 147.
14. George Berkeley, *Tratado sobre los principios del conocimiento humano*. Buenos Aires: Losada, 2004.

animales como objetos inanimados marcaron un antes y un después. ¿Era esta actitud hacia ellos cultural, tal vez, o era algo propio de la época?

A menudo se da por hecho de forma errónea que éramos más primitivos en la Edad Media, que comenzó con la caída de Roma en el año 476. Solemos pensar que se trató de una época oscura en la que nuestros ancestros quemaban brujas y vivían en un terror constante al tormento en un infierno que existía físicamente después de la muerte. En realidad, muchas de estas ideas estuvieron más extendidas después de 1500, cuando se marca el inicio del periodo «moderno».

En cuanto a los animales, la Edad Media fue más progresista y más abierta que las mentes supuestamente «racionales» de comienzos de la Edad Moderna. Por ejemplo, el filósofo persa que en Occidente conocemos como Avicena, cuyo nombre real era Ibn Sina (980-1037), tenía una opinión mucho más positiva sobre la inteligencia de las bestias, pues pensaba que tenían autoconsciencia a través de sus órganos materiales[15]. Así que es posible que los filósofos occidentales fueran más intolerantes y tuvieran menos probabilidades de ser socios de WWF (o el equivalente que hubiera en aquel entonces). ¿Acaso son Descartes y Berkeley ejemplos de la típica racionalidad desbocada de Occidente? La verdad es que si buscamos más al este, resulta evidente que la opinión sobre los animales era mucho más

---

15. Avicena, *Al-Ta 'līqāt*. Teherán: Iranian Institute of Philosophy, 2013, p. 125.

amable y tolerante, y era así desde hacía mucho tiempo. El sabio chino Lao Tse (604-517 a. C.) era, al parecer, una persona amable a quien le gustaban los animales tanto como las personas. Uno de los aforismos que se le atribuyen dice: «Sed buenos con las personas... ¡y con los animales! No provoquéis a las personas ni a los animales, no les hagáis daño». Entonces, ¿la culpa es de la filosofía materialista de Occidente? La verdad es que no. De hecho, Descartes y Berkeley demostraron ser las excepciones que confirmaban la regla. Y las cosas habían avanzado mucho en la época de Nietzsche.

Como estudioso de los clásicos, Nietzsche habría sabido que muchos de los pensadores antiguos tenían una mente bastante más abierta en cuanto a los animales. Remontémonos a los griegos: Platón no tenía duda de que los animales tenían conciencia propia. De no ser así, su comportamiento no tendría sentido. Tal y como Sócrates —representación del propio Platón en sus grandes obras de diálogo filosófico— pregunta con su clásico estilo retórico: «¿Pero podrá, acaso, ser valiente el caballo, perro u otro animal cualquiera que no sea fogoso?»[16]. Obviamente no, creía él.

Aristóteles (384-322 a. C.) también pensaba que los animales tenían alma, aunque algunos fueran más inteligentes que otros, pues:

---

16. Platón, *La república*. Madrid: Alianza Editorial, 2013, p. 171.

En términos generales, se pueden observar en los comportamientos vitales de los demás animales numerosas imitaciones de la vida humana y, sobre todo, en los pequeños más que en los grandes se puede constatar la sutileza de la inteligencia. Tomemos como ejemplo la manera de construir nidos de las golondrinas»[17].

Esta idea no era solo propia de la Antigüedad. Poco después de la publicación de las obras de Descartes y Berkeley, las cosas empezaron a mejorar para los animales y los filósofos comenzaron a volver a las ideas de los maestros griegos.

David Hume (1711-1776), por ejemplo, tenía una opinión completamente opuesta a la de Descartes. Escribió que «ninguna verdad me parece tan evidente como la de que las bestias poseen pensamiento y razón, igual que los hombres». Y, tal vez como pulla hacia Descartes, el filósofo escocés también dijo que «los argumentos son en este caso tan obvios que no escaparán nunca ni al más estúpido e ignorante»[18].

Immanuel Kant (1724-1804) no estaba de acuerdo con su colega escocés en prácticamente nada. Pero lo estaban en cuanto a los animales. El filósofo de Königsberg incluso llegó a sugerir que «el trato violento y cruel a los animales se opone mucho más íntimamente al deber del hombre hacia sí mismo, porque con ello se em-

---

17. Aristóteles, *Historia de los animales*. Madrid: Akal, 1990.
18. David Hume, «De la razón de los animales», en *Tratado de la naturaleza humana*. Madrid: Tecnos, 2005, p. 261.

bota en el hombre la compasión por su sufrimiento, debilitándose así y destruyéndose paulatinamente una predisposición natural muy útil a la moralidad en la relación con los demás hombres»[19].

Pero siempre había escépticos. A finales de la década de 1940, Ludwig Wittgenstein (1889-1951) seguía indeciso cuando escribió que «el perro quiere decir algo al mover el rabo. ¿Qué argumentos se pueden dar para sostener esto? Nunca nos preguntaríamos si el cocodrilo quiere decir algo cuando se acerca a un hombre con las fauces abiertas»[20]. Puede que el austriaco pensara que los animales eran objetos inanimados. Quizá todavía se hacía necesario abrazar más caballos y disculparse por las atrocidades cometidas contra los animales. En el siglo XXI, la mayoría de filósofos han aprendido la lección y se aseguran de mostrar interés por los animales. El que más lo hace es el filósofo australiano Peter Singer (1946), que incluso escribió un libro sobre el tema titulado *Liberación animal: una ética nueva para nuestro trato hacia los animales* (1975), en el que sostenía que debería tratarse con respeto a los animales porque son capaces de sufrir. Singer dijo que fue su experiencia de estudiante en Inglaterra lo que lo llevó al activismo por los derechos de los animales. Todo esto me recuerda a un amigo mío que perdió su trabajo como cap-

19. Immanuel Kant, *Fundamentación para una metafísica de las costumbres*. Madrid: Alianza Editorial, 2012.
20. Ludwig Wittgenstein, *Zettel*. Frankfurt: Suhrkamp, 1967.

tador de socios para una organización por los derechos de los animales, cuyo nombre no diré. ¿Y por qué lo perdió? Bueno, resulta que dijo que para conseguir que la gente hiciera donaciones había que coger al toro por los cuernos.

B

Baile

Aun siendo hijo de un pastor luterano, Nietzsche fue quien pronunció el célebre «Dios ha muerto»[1]. Pero, pese a lo que indiquen las apariencias, no era tan doctrinario. Nietzsche estaba dispuesto a replantearse su postura sobre la existencia del Señor si el Todopoderoso tuviera ritmo. «Yo no creería más que en un dios que supiese bailar», admitió. ¿Y por qué renunciaría a sus principios y haría esta excepción? Bueno, pues porque puede ser que Nietzsche fuera un ratón de biblioteca, pero claramente le volvía loco el baile. En una sección titulada «La canción de los sepulcros» de su libro más famoso escribió: «Solo en el baile sé yo decir

1. Friedrich Nietzsche, *Así habló Zaratustra*. Madrid: Alianza Editorial, 2011.

el símbolo de las cosas supremas». Y llegó a decir: «¡Y demos por perdido el día en que no hayamos bailado al menos una vez!»[2].

El baile ocupaba un lugar tan importante en la vida y los pensamientos de Kierkegaard que sus compatriotas lo conocían como *dansemesteren*, el maestro del baile, y dicen que brincaba alrededor de Sortedam, el lago artificial del centro de Copenhague. Para Kierkegaard, el baile podía expresar algo que ningún otro arte podía conseguir. En *La repetición*, un libro raro e imposible de clasificar, describe a un hombre —que se parece al propio filósofo— que siente que:

Todos los recursos del lenguaje y todas las interjecciones de la pasión no le bastaban para volcar en ellos lo que su fantasía era capaz de imaginar; un periodo en el que no le satisfacían ni dejaban contento ninguna forma de expresión o gesticulación; un periodo, finalmente, en el que lo único que lo podía apaciguar era sencillamente dar brincos y volteretas en el aire. Quizá el mismo individuo recibió entonces algunas lecciones de baile, quizá asistía con cierta frecuencia a las representaciones del *ballet* y admiraba el arte y la soltura de los bailarines[3].

2. *Ibid.,* pp. 195 y 343.
3. Søren Kierkegaard, *La repetición*. Madrid: Alianza Editorial, 2009, p. 93.

En todo caso, Kierkegaard esperaba «poder bailar siempre con ligereza en servicio del pensamiento»[4]. Para el existencialista danés, el baile era una metáfora recurrente de la vida; opinaba que «son muchos los que viven inmersos en los dolores y delicias de esta vida; son como aquellos que, en un baile, en lugar de bailar se pasan todo el tiempo sentados»[5].

Como empirista, a John Locke le preocupaba más el aspecto educativo del baile que el existencial o incluso el espiritual. Pero no podía evitar hacer juicios estéticos: «El baile, que le da a la vida movimientos gráciles —escribió— no puede aprenderse demasiado pronto». Sin embargo, Locke dejó claro que uno no puede esperar ser un buen bailarín sin dar clases: «Debes encontrar un buen maestro, que sepa y pueda enseñar qué es lo grácil». Yendo al grano, especificó que «la parte de los movimientos y las figuras de un baile [...] tiende a perfeccionar una postura elegante»[6].

No se sabe si a Platón le gustaba mover el esqueleto. Probablemente no. (Era un poco aburrido). El ateniense admitió que había «movimientos del cuerpo que se describen como "bailar de alegría"», pero no le interesaba para nada el placer que ofrecía esta actividad. Según él, el baile no debía prohibirse y había que tolerarlo básicamente por el argumento mecanicista de

4. Søren Kierkegaard, *Migajas filosóficas o un poco de filosofía*. Madrid: Trotta, 2007.
5. Søren Kierkegaard, *Temor y temblor*. Madrid: Alianza Editorial, 2014, p. 115.
6. John Locke, *Pensamientos sobre la educación*. Madrid: Akal, 2012.

que «lleva a una buena forma física». Al-Farabi, que admiraba a Platón, adoptó una postura más edadista al declarar que «no es apropiado que una persona anciana [...] baile»[7].

Arendt, sin embargo, tenía más en común con Nietzsche y Kierkegaard, al menos en cuanto al baile. Para ella, la danza estaba asociada a la libertad, y creía que debíamos superar nuestra timidez. Tal y como explicó, «pararse en mitad de la consumación significa no completar [...]. Si alguien quiere bailar un fandango y se detiene cuando está a medias por incomodidad o falta de fuerza, no ha llevado a cabo un acto de libertad»[8].

¡Así que no dejes de bailar! Es más, continúa, porque, como dice la famosa (y tal vez apócrifa) cita de la anarquista y escritora Emma Goldman: «Si no puedo bailar, no es mi revolución».

Baño

«Me doy un baño por las noches», declaró la existencialista francesa Simone de Beauvoir (1908-1986) en una entrevista para el periódico *Observer* en marzo de 1960[9]. «Me relaja». A saber por qué este periódico de izquierdas le preguntó por sus hábitos higiénicos en

7. Al-Farabi, *Summary of Plato's Laws.* Ithaca: Cornell University Press.
8. Hannah Arendt, *Rahel Varnhagen. La vida de una mujer judía.* Buenos Aires: El Cuenco de Plata Ediciones, 2020.
9. Simone de Beauvoir, «My Clothes and I», *Observer*, 20 de marzo de 1960.

vez de por algo con más sustancia. Podrían haberle preguntado, por ejemplo, cuál de sus mejores ideas se le había ocurrido mientras se lavaba. Por desgracia, no lo hicieron. Pero antes de entrar en la chicha de las cuestiones filosóficas, empecemos con unas cuantas estadísticas. Hoy sabemos que el 62 % de los británicos se ducha por la mañana y que pasa entre 7 y 8 minutos bajo la ducha o remojándose en la bañera. En Australia, solo el 49 % se baña por la mañana. Las encuestas también nos dicen que el 83 % de aquellos que se bañan por la mañana afirman ser «productivos todos los días», algo que solo afirma el 78 % de los que se bañan por la noche. Mientras tanto, un estudio alemán reveló que el 72 % de los encuestados afirmó tener sus mejores ideas en la ducha. Así que, si nos basamos en estas pruebas, podríamos deducir que Simone Lucie Ernestine Marie Bertrand de Beauvoir —para mencionar el nombre completo y bastante impresionante de la filósofa francesa— podría haber sido más productiva de haber cambiado sus hábitos[10].

Creamos o no en estos chanchullos estadísticos, la mayoría sabemos que los baños a menudo estimulan los pensamientos profundos. Arthur Schopenhauer (1788-1860) era alemán, por supuesto, y tenía muchas ideas, aunque hay que reconocer que no todas eran buenas. Schopenhauer era conocido por su pesimis-

10. Estudio llevado a cabo por el psicólogo y científico cognitivo Scott Barry Kaufman y comisionado por Hansgrohe.

mo. Creía que el mundo avanzaba impulsado por una fuerza que él llamaba «voluntad», que definía como «la esencia íntima de toda cosa» que «se manifiesta en cada fuerza de la naturaleza»[11]. Para él, el mundo era irracional y no tenía sentido y solo podíamos escapar en parte de nuestra lamentable situación disfrutando del arte y la música. Inspirado por la religión india y sobre todo por el *Bhagavad Gita*, el más sagrado de los textos hindúes, llegó a la conclusión de que el mundo entero consistía en esta «Voluntad», que incluso manipulaba la representación de la realidad externa. (Los lectores modernos a los que les guste el cine recordarán que este tipo de ideas se exploran en *Matrix*, la película de ciencia ficción filosófica de Lilly y Lana Wachowski). Hasta aquí bien. Pero ¿cómo se le ocurrió esta idea a Schopenhauer? Pues bien, le llegó cuando se bañaba. Él mismo lo dijo. Para pensar con claridad, escribió, «no se debe pensar en bebidas alcohólicas o en el opio, sino más bien en una noche de sueño reparador y un baño frío», pues ayuda a «el apaciguamiento del torrente sanguíneo y de las pasiones» y «procura un predominio nada forzado de la actividad cerebral»[12].

Schopenhauer odiaba a su compatriota Georg Wilhelm Friedrich Hegel (1770-1831). Este tenía más éxito y además era un ser humano más agradable, que

11. Arthur Schopenhauer, *El mundo como voluntad y representación (1)*. Madrid: Alianza Editorial, 2010, p. 267.
12. Arthur Schopenhauer, *El mundo como voluntad y representación (2)*. Madrid: Alianza Editorial, 2010, p. 485.

ayudaba a sus amigos si acababan en la cárcel. Pero por mucho que Schopenhauer y Hegel estuvieran en lados opuestos de los debates filosóficos, coincidían en que darse un baño tenía beneficios. Está claro que estar limpio puede llevar a una sosegada tranquilidad, como creía Hegel, y por esta razón admiraba a los egipcios, pues «se lavaban y bañaban mucho [...] y tomaban un purgante todos los meses», lo cual, añadió, «indica un estado de larga paz»[13].

No solo los antiguos egipcios, sino también los romanos, como bien sabemos, disfrutaban de quitarse la ropa y darse un baño. Este gusto era otra de las cosas que aprendieron de los griegos. Pero no a todas las personas del mundo clásico le gustaba la experiencia. Al filósofo estoico Epicteto (55-135) no le entusiasmaba ir a los baños. Le preocupaban «los salpicones de agua, las multitudes, las broncas, los robos». Estaba tentado a no ir pero, acorde con su filosofía, adoptó una actitud... estoica, vaya, y aconsejó así a su lector:

Participarás en la actividad de forma más constante si dices sinceramente «quiero bañarme y quiero cumplir mi voluntad de acuerdo con la naturaleza». Deberías hacerlo antes de cada acción. Así que, si pasa cualquier cosa cuando estoy en el baño, diré con alegría: «No solo he querido esto, sino que también he querido cumplir mi

---

13. Georg Wilhelm Friedrich Hegel, *Lecciones sobre la filosofía de la historia universal.* Madrid: Alianza Editorial, 2004.

voluntad de acuerdo con la naturaleza, algo que no haré si me molesta lo que pase» [14].

Podemos deducir que se tiró a la piscina.

Hannah Arendt (1906-1975) no tenía el mismo miedo que él a los baños: está claro que para ella y sus amigas, la bañera era un lugar para relajarse y leer. Le agradeció en una carta a Sonia Orwell —esposa de George Orwell, que lo inspiró a escribir *1984*— que le enviara aceites de baño, mientras que Mary McCarthy, amiga de Arendt y célebre autora de *El grupo*, le escribió a la filósofa que había leído su libro *Los orígenes del totalitarismo* en la bañera [15].

BARCOS

«Un barco del que se haya modificado una parte considerable de su estructura por medio de frecuentes reparaciones sigue siendo considerado como idéntico», escribió David Hume [16]. Cabe señalar que Hume no fue pionero en pensarlo. El historiador griego Plutarco (46-119) fue el primero en escribir sobre el debate en cuanto a si un barco con muchas modificaciones sigue siendo el mismo:

14. Epicteto, *Discourses, Books 3-4. The Encheiridion.* Londres: Loeb Classical Library, 1928, p. 218.
15. Citada en «Hannah Arendt's Female Friends», *Los Angeles Review of Books*, 12 de noviembre de 2013.
16. David Hume, *Tratado de la naturaleza humana.* Madrid: Tecnos, 2005, p. 362.

El barco en el que Teseo y los jóvenes de Atenas volvie-
ron de Creta tenía treinta remos y los atenienses lo con-
servaron [...], pues le quitaron los tablones viejos confor-
me se iban pudriendo, y pusieron otros nuevos. Esto
planteó una pregunta que dividió a los filósofos. Unos
decían que el barco seguía siendo el mismo y otros, que
era un barco nuevo[17].

Se conoce como la paradoja de Teseo, y Hume,
Hobbes y otros han recurrido a este famoso experimento mental a lo largo de los siglos, que acabó llevando,
en nuestra era, a la paradoja del grupo Sugababes[18].

Barrigas

Según uno de los hadices —los numerosos dichos atri-
buidos al profeta Mahoma—, el anciano musulmán Umar
ibn al-Jattab vio a un hombre con una gran barriga y
preguntó: «¿Esto qué es?». A lo que el hombre respondió: «Una bendición de Alá». Y Umar apuntaló: «No,
es más bien un castigo»[19].

17. Plutarco, *Vida de Teseo*.
18. Desde que Keisha Buchanan, la última integrante que quedaba de la formación original del grupo de pop británico —compuesto en su origen por
Siobhán Donaghy, Mutya Buena y ella misma— lo dejara en 2009, se ha hablado mucho en blogs y redes sobre la «Sugababes paradox», comparando el fenómeno con la paradoja del barco de Teseo. Algo parecido a lo que ocurrió
en España con La Década Prodigiosa o, salvando las distancias, con Locomía.
(*N. del E.*)
19. Hadiz transmitido en un cuadernillo (*juz'*) de Muhammad ibn ‘Abdillah
al-Ansari, hadiz n.º 42.

David Hume, menos devoto, tenía una opinión distinta, por lo menos si nos dejamos guiar por su físico. «Un niño se hace hombre, y es unas veces grueso y otras delgado, sin perder por ello su identidad»[20], escribió. Es muy cierto. De hecho, Madame Geoffrin (1699-1777), una conocida *salonnière* e intelectual parisina que recibía en su casa a los famosos *philosophes* y *encyclopédistes* del momento, llamaba a Hume «mi gordo guasón» y «mi gordo pillín», mientras que el conde de Charlemont (1728-1799), un importante político de la época, describía el rostro del corpulento filósofo como «ancho y gordo». Pero Hume no era de los que se avergüenzan de su gordura. Es más, estaba orgulloso de ser «recio y orondo», como dijo en una carta a su amigo médico George Cheyne[21].

Montaigne también se tomaba con estoicismo el hecho de que «con el paso del tiempo [...] he engordado»[22]. A lo mejor todos deberíamos afrontar los kilos de más con esta actitud filosófica.

Simone de Beauvoir, posiblemente la filósofa feminista más importante de la historia, no trataba bien a sus hermanas corpulentas (ni a las que cometían el grave error de envejecer). «Está muy bien que una chica joven esté un poco rellenita, pero no es algo que les

---

20. David Hume, *Tratado de la naturaleza humana*. Madrid: Tecnos, 2005, p. 362.
21. David Hume, «Carta al Dr. George Cheyne», en *The Cambridge Companion to David Hume*. Cambridge: Cambridge University Press, 1993, p. 519.
22. Michel de Montaigne, *Los ensayos*. Barcelona: Acantilado, 2007.

quede bien a las mujeres maduras»[23]. ¡La gordofobia es una cuestión feminista! Aunque no parece serlo para la autora de *El segundo sexo*.

BÉISBOL

Muchos filósofos eran extraordinarios deportistas (véase DEPORTE), lo que tal vez puede sorprendernos. John Rawls (1921-2002) jugó al fútbol americano en la Universidad de Princeton, aunque quizá lo conozcas mejor como el mayor filósofo político de Estados Unidos e incluso como el hombre que resucitó por sí solo toda la disciplina de la filosofía política, que había pasado al olvido después de que los filósofos de Reino Unido, Australia y Norteamérica se volvieran analíticos* y se obsesionaran con el significado de las palabras.

El primer amor de Rawls, sin embargo, no fue el fútbol sino el otro gran deporte estadounidense, el béisbol. Entonces ¿qué hizo Rawls y qué puñetas tienen que ver su obra y el deporte de Joe DiMaggio y Babe Ruth?

A ver, empecemos por el principio. En su libro *Teoría de la justicia* (1971), Rawls presentó la idea de que nuestras nociones éticas* (teorías sobre el bien y el mal) tienen que contrastarse con nuestros instintos para encontrar lo que él llamaba «un equilibrio reflexivo»[24].

23. Simone de Beauvoir, «My Clothes and I», *Observer*, 20 de marzo de 1960.
24. John Rawls, *Teoría de la justicia*. México: Fondo de Cultura Económica, 1995.

B

Y aquí es donde entra el béisbol. De hecho, la idea en sí salió de las reflexiones del filósofo sobre el pasatiempo favorito de Estados Unidos, pues adoptó el mismo razonamiento sobre el equilibrio reflexivo para su filosofía del béisbol. En su artículo «Dos conceptos de las reglas», publicado en *Philosophical Review* en 1955, usó ejemplos sacados de este deporte para explicar su filosofía en general, y en una carta que le escribió a un amigo desarrolló por qué el béisbol era, para él, el mejor de todos los juegos. Escribió:

Las reglas del juego están en equilibrio: es decir, desde el principio, el diamante se hizo con el tamaño justo, el montículo del lanzador está a la distancia justa del plato, etc., y gracias a esto son posibles las grandes jugadas como el doble *play*. El diseño del juego se ajusta perfectamente a las habilidades humanas que debe mostrar y ejecutar con elegancia. Mientras tanto, el baloncesto, por ejemplo, ajusta —o ajustaba— las reglas constantemente para equilibrarlas.

Rawls quería que todo el mundo tuviera una oportunidad decente en la vida e insistía mucho en la justicia. Dijo que una sociedad justa sería aquella que crearíamos si no supiéramos si somos ricos o pobres, negros o blancos, hombres o mujeres. Una vez más, el béisbol era la analogía perfecta porque «el juego no da una gran preferencia o ventaja a físicos específicos como, por ejemplo, los hombres altos en el baloncesto. Cada habilidad puede encontrar su lugar, altos y bajos pueden disfrutar del juego en diferentes posiciones»[25]. Por razones, digamos, complementarias, a Rawls no le gustaba el baloncesto, porque favorecía injustamente a los hombres altos... como él mismo, curiosamente, que medía casi un metro noventa.

Puede que Rawls tuviera otro motivo oculto para tomarla con este deporte, ya que su rival, el filósofo libertario Robert Nozick (1938-2002), usó al famoso jugador de baloncesto Wilt Chamberlain para justificar la desigualdad salarial[26]. A Nozick no le importaba que algunos disfrutaran de mayores ventajas según la suerte que hubieran tenido al nacer, como su altura. Rawls quería igualdad. Nozick no. Así que, en cierto modo, la filosofía política moderna —y tal vez la diferencia entre conservadores y progresistas— puede reducirse a si eres fan del béisbol o del baloncesto.

BESOS

Los grandes filósofos, según Hannah Arendt, «no pueden pensar sin besos»[27]. Así que, cuando Nietzsche escribía que el epónimo Zaratustra quería ser besado[28], era totalmente comprensible.

---

25. John Rawls, *Carta a Owen Fiss*, 18 de abril de 1981.
26. Robert Nozick, *Anarquía, Estado y utopía*. México: Fondo de Cultura Económica, 1988.
27. Citada en *Los Angeles Review of Books*, 13 de agosto de 2016.
28. Friedrich Nietzsche, *Así habló Zaratustra*. Madrid: Alianza Editorial, 2011, p. 214.

Marilyn Monroe (1926-1963) se equivocaba al cantar que «un beso es un beso». Puede que la estrella de cine, una lectora empedernida —una vez la vieron leyendo *Ulises* de James Joyce—, leyera a Kierkegaard, que señaló que «el primer beso será [...] una eterna posibilidad para aquel que reflexiona sobre lo eterno»[29]. No hay nada como el primer beso.

BIRRA (VÉASE CERVEZA)

BODA

El precio medio de una boda en Grecia en 2022 es de 16 654 €[30]. A Platón, aunque fuera griego como el que más, no le habría hecho mucha gracia. A pesar de que creía fervientemente en la institución del matrimonio (véase MATRIMONIO), no le entusiasmaban las ceremonias excesivas (nada de grandes bodas griegas para este ateniense gruñón). «En el banquete de bodas», decretó, «ninguna de las familias debería invitar a más de cinco amigos de ambos sexos y el número de parientes de cada una debería limitarse de forma similar»[31]. Esto no era porque el filósofo fuera aburrido; tenía una razón pragmática (social, de hecho): «Na-

---

29. Søren Kierkegaard, *O lo uno o lo otro (2)*. Madrid: Trotta, 2006, p. 45.
30. Esto es la mitad del coste medio de una boda en Inglaterra, incluso teniendo en cuenta las diferencias de poder adquisitivo.
31. Platón, *Las leyes*. Madrid: Alianza Editorial, 2014.

die debería gastar por encima de sus posibilidades». Søren Kierkegaard pensaba distinto. Como era un pensador religioso, no sorprendía a nadie que tuviera una forma teológica —y triste— de ver las cosas.

¿Cuál es la función de la ceremonia nupcial? Esta provee en primer lugar un resumen de la existencia de la especie [...], aporta lo universal, lo puramente humano, lo hace venir a la conciencia. [...] La Iglesia anuncia además el castigo del pecado, que la mujer parirá con dolor y se someterá a su esposo. [...] Dejaré sin decidir si de esta manera le haces un favor; pero creo que no has captado la esencia de la mujer en toda su intimidad, la cual implica que esta es al mismo tiempo más perfecta y menos perfecta que el hombre. [...] ¿Cuál es entonces la función de la ceremonia nupcial? ¿«Detiene a los amantes»? De ninguna manera, sino que hace que aquello que ya estaba en movimiento se manifieste de manera externa[32].

BORRACHERA

La relación entre el islam y la borrachera es, por decirlo de manera diplomática, incómoda.

Pero Al-Farabi (870-950), el fundador de la filosofía islámica, no era demasiado doctrinario: «Las situaciones en las que es necesario beber vino son aquellas en

32. Søren Kierkegaard, *O lo uno o lo otro (2)*. Madrid: Trotta, 2006, pp. 85-88.

las que uno necesita privarse del intelecto o la percepción, por ejemplo, en el parto [...] y el tratamiento doloroso del cuerpo»[33].

Michel de Montaigne, tal vez porque era de la región vinícola de Burdeos, escribió un ensayo sobre la borrachera, que consideraba «entre los vicios repugnantes y vulgares». Declaró: «No me gusta mucho beber, solo después de comer para bajar la comida»[34]. Si nos remontamos más atrás, Platón no le hacía ascos a un poco de alcohol, pero estaba de acuerdo en que «nada hay menos apropiado [...] que la embriaguez» e insistía en que deberíamos beber con moderación y que quienes así lo hacen, «después de haber pasado en paz y con salud su vida, morirán, como es natural, a edad muy avanzada y dejarán en herencia a sus descendientes otra vida similar a la de ellos»[35].

Lucrecio (99-55 a. C.) fue un poeta metafísico con buen ojo para las verdades eternas. Describió, con palabras poco poéticas pero acertadas, cómo «cuando ha penetrado en un hombre la fuerza fogosa del vino y su ardor se ha dispersado distribuido en las venas, sigue después la pesantez de los miembros, se le enredan las piernas al tambaleante, se entorpece la lengua, se nubla la mente, se anegan los ojos, aumentan los gritos, sollozos y riñas»[36]. Sí, las noches de los sába-

33. Al-Farabi. *Summary of Plato's Laws.* Ithaca: Cornell University Press.
34. Michel de Montaigne, *Los ensayos.* Barcelona: Acantilado, 2007.
35. Platón, *La república.* Madrid: Alianza Editorial, 2013, p. 165.
36. Lucrecio, *La naturaleza de las cosas.* Madrid: Alianza Editorial, 2016, p. 192.

dos en la antigua Roma no eran muy distintas de las de las calles del centro de los pueblos británicos del siglo XXI.

Karl Marx (1818-1883) escribió poco sobre la borrachera, aunque sabemos por su correspondencia con su padre Heinrich que al filósofo y teórico político le gustaba beber. A Marx padre no le hacía gracia la afición por la botella de su hijo y le escribió: «Qué lástima que tu conducta haya consistido simplemente en el desorden, en vagar por todos los campos del saber, por tradiciones mohosas a la sombría luz de la lámpara... con un vaso de cerveza [en la mano]»[37].

A Santo Tomás de Aquino (1225-1274) no le parecía tan mal ponerse como una cuba: «A cada pecado le corresponde un opuesto [...] de este modo, la timidez es el opuesto del atrevimiento [...]. Pero no hay ningún pecado que sea el opuesto de la embriaguez. Por tanto, la embriaguez no es un pecado»[38]. A este silogismo solo se puede responder con «¡arriba, abajo, al centro y adentro!».

BOSTEZO

A aquellos de «caracteres firmes y constantes», escribió Platón, con las tareas intelectuales «les ocurre [que]

37. Heinrich Marx, citado en David McLellan, *Karl Marx: A Biography*. Londres: Macmillan, 2004, p. 26.
38. Tomás de Aquino, *Suma teológica*.

se adormecen y bostezan constantemente»[39]. Tiene bastante razón. ¿A quién no le ha entrado sueño y ha bostezado durante una reunión larga o escribiendo un manuscrito complicado? ¿Pero por qué bostezamos?

La explicación médica actual, propuesta por neurofisiólogos del siglo XIX, dice que la oscitancia se produce cuando el cerebro se calienta demasiado; para que su rendimiento sea óptimo, necesita enfriarse y volver a la llamada «homeostasis térmica», por lo que con un buen bostezo tomamos más oxígeno y nos refrescamos. Esto es un proceso automático que simplemente sigue las leyes de la fisiología. Incluso Arthur Schopenhauer aceptaba una versión anterior de esta teoría (véase BAÑO). Aunque creía que la voluntad es lo que nos mueve, admitía que esta poderosa *Urkraft* no era responsable «en los movimientos reflejos [...] como los bostezos»[40].

Aristóteles habría estado de acuerdo con la parte del enfriamiento —le tenía mucho cariño a su teoría de los vapores— pero quería ir más allá. Según Aristóteles, para comprender por qué ocurre algo, no basta con buscar el motivo; también debemos buscar su propósito, o, como él decía, explicaciones «teleológicas»*. Se preguntaba: «¿Por qué bostezamos cuando vemos bostezar a alguien?»[41]. La ciencia aún no ha

39. Platón, *La república*. Madrid: Alianza Editorial, 2013, p. 437.
40. Arthur Schopenhauer, *El mundo como voluntad y representación (2)*. Madrid: Alianza Editorial, p. 338.
41. Aristóteles, *Problemas*. Madrid: Gredos, 2004.

encontrado una respuesta definitiva a esta cuestión, pero hay constancia de que el bostezo contagioso se da en humanos, perros y especies primates no humanas[42]. ¿Y si incluso los científicos necesitan a los filósofos para inspirarse?

42. R. R. Provine, «Yawning as a stereotyped action pattern and releasing stimulus», *Ethology* 72(2), 1998, pp. 109-122.

C

Caballos

Los caballos tienen un largo pedigrí filosófico. Platón usó a este noble animal como ejemplo paradigmático para describir su teoría de las formas. Como también veremos, creía que tras cada objeto hay una forma imaginaria (*eidos* en griego) y que, para entender el mundo que nos rodea, comparamos automáticamente las cosas reales que vemos con sus versiones ideales. Por ejemplo, podemos considerar que Red Rum —el caballo campeón de carreras de obstáculos que ganó el Grand National en 1973, 1974 y 1977— es un corcel precioso. Lo hacemos, diría Platón, porque al ser un purasangre, estaba más cerca del caballo ideal —o tenía más «caballidad» (*hippotes* en griego)— que el caballo medio. Según Platón, cada caballo real era una copia más o menos imperfecta. Cuanto más cerca estaba de la «forma» original, más hermosa era[1]. Este razonamiento no convencía a todo el mundo. Antístenes (446-366 a. C.), otro de los alumnos de Sócrates, discrepaba: «Veo el caballo, pero no la caballidad»[2].

Confucio, por su parte, opinaba que «un buen caballo es alabado por su virtud, no por su fuerza»[3]. Tomás de Aquino, que era *grande*, por usar un eufemismo, no escribió mucho sobre estas nobles bestias, pero murió al caerse de una.

David Hume, que tampoco tenía el físico de un *jockey*, que digamos, era un entusiasta de la hípica que tenía «por norma montar dos o tres veces por semana»[4]. Según él, el clima era el responsable de que hubiera varios tipos de caballos. Así pues, «Flandes es notable por los caballos corpulentos y pesados; España, por los caballos ligeros y batalladores. Y cualquier estirpe de estas criaturas trasplantadas de un país a otro perderá las cualidades que proceden de su clima nativo. Cabe preguntarse por qué no ocurre otro tanto con los seres humanos». Y añadió:

Actualmente ninguna parte de Europa tiene tan malos caballos de todas las clases como Francia, mientras que en Alemania abundan los buenos caballos. Esto puede desper-

1. Platón, *Cratilo.*
2. Citado en *Comentario de Simplicio a las* Categorías *de Aristóteles.*
3. Confucio, *Analectas.*
4. David Hume, «Carta al Dr. George Cheyne», en *The Cambridge Companion to David Hume.* Cambridge: Cambridge University Press, 1993, p. 519.

tar una cierta sospecha de que tampoco los animales dependen del clima, sino de las diferentes razas y de la habilidad y el cuidado de la crianza. En el norte de Inglaterra abundan los mejores caballos de todas las clases que tal vez haya en el mundo. En los condados vecinos, parte norte de Tweed [es decir, en la Escocia natal de Hume], no se encuentran buenos caballos de ningún tipo[5].

Cojamos con pezuñas este desprecio hacia los caballos franceses, ya que podría venir de su opinión sobre los vecinos al otro lado del Canal de la Mancha. «Nuestros celos y odio hacia Francia no tienen límites».

De todos modos, a lo largo de los siglos ha habido escritores con opiniones distintas. Julio César (100-44 a. C.) observó que «los caballos de la Galia eran excelentes, mientras que los de Germania eran bastante deficientes»[6]. ¡Hay que decir que David Hume señaló su discrepancia con el emperador romano en una nota al pie de página!

CACHONDO (ESTAR)

Nicolás Maquiavelo (1469-1527) no tiene la mejor de las reputaciones. *El príncipe*, un libro cínico y a veces

---

5. David Hume, *Ensayos morales, políticos y literarios.* Madrid: Trotta, 2011, pp. 199-200.
6. Julio César, *Comentarios a la guerra de las Galias.* Madrid: Alianza Editorial, 2015.

cruel sobre la necesidad de hacer el mal para ganar poder, fue la razón por la que William Shakespeare (1564-1616) lo llamó «Maquiavelo el asesino»[7]. Si lees sus cartas, no creo que la opinión que tengas de él mejore. En una, le contó a su amigo que estaba «muy cachondo sin [su] esposa» y que lo condujeron hasta «la casa de una lavandera» en Lombardía mientras estaba en misión oficial. La dama en cuestión, según su relato, no era exactamente guapa.

> Tenía las cejas llenas de piojos; un ojo miraba hacia abajo y otro hacia arriba. Tenía los bordes de los ojos llenos de secreciones, [...] la nariz torcida de una forma peculiar, las fosas llenas de mocos y a una de ellas le faltaba la mitad. Su boca parecía la de Lorenzo de Medici, torcida de un lado y babeante, pues no tenía dientes que evitaran que se le saliera la saliva. Un bigote fino pero largo le cubría el labio.

Sin embargo, parece que el escritor renacentista solo se dio cuenta de esto después de salirse con la suya. Les ahorraré a los lectores la llamativa descripción de las partes íntimas de la lavandera... El filósofo «vomitó sobre ella» y le contó al amigo: «No volveré a estar cachondo mientras esté en Lombardía»[8].

A Friedrich Nietzsche, que tenía poco éxito con las mujeres, lo aterrorizaba y desconcertaba tanto el tema

7. William Shakespeare, *Enrique VI*, parte 3, acto 3, escena 2.
8. Nicolás Maquiavelo, *Carta a Luigi Guicciardini,* 9 de diciembre de 1509.

de la atracción sexual que se preguntó: «¿No es mejor caer en las manos de un asesino que en los sueños de una mujer lasciva?»[9]. A lo que el sentido común dice «¡No, Friedrich, no lo es!».

Rousseau, de visita en Venecia, se vio abrumado por los mismos deseos que Maquiavelo y, por lo que cuenta, «entró en el cuarto de una mujer de virtud fácil como santuario del amor y la belleza», y la mujer en cuestión era despampanante y al lujurioso filósofo lo fascinaron «la claridad de su piel, el brillo de su tez, sus dientes blancos, dulce aliento y la apariencia de pulcritud de su persona». Por desgracia, la belleza italiana no correspondió sus sentimientos, sobre todo cuando le dio por examinar su anatomía, y lo echó con el comentario *lascia le donne, a studia la matematica*, que se podría traducir como «olvídate de las mujeres y vete a estudiar matemáticas»[10].

CAFÉ

El café aporta claridad, y tal vez por eso a Immanuel Kant le gustaba tanto. El *Meister* prusiano tenía costumbres muy peculiares. Se levantaba todas las mañanas a las cinco, daba clase, empezaba su paseo diario

9. Friedrich Nietzsche, *Así habló Zaratustra*. Madrid: Alianza Editorial, 2011, p. 110.
10. Citado en Leo Damrosch, *Jean-Jacques Rousseau: Restless Genius*. Boston: Houghton Mifflin Harcourt, 2005, p. 178.

exactamente a las tres y media de la tarde, cenaba siempre con el mismo amigo y se iba a la cama a las diez en punto cada noche.

En cuanto a qué hacía cuando estaba despierto, «había dos cosas en la vida que a Kant le gustaban de forma intolerable: el café y el tabaco» (véase TABACO), contaba el escritor inglés Thomas de Quincey (1785-1859) en su famosa biografía *Los últimos días de Immanuel Kant*[11].

Wittgenstein también bebía mucho café. Seguramente tomó café del bueno en las cafeterías de su Viena natal. Como filósofo, tenía una preocupación especial por las palabras. Y «café» era de sus favoritas.

¡Describe el aroma del café! ¿Por qué no se puede? ¿Nos faltan las palabras? ¿Y para qué nos faltan? ¿Pero de dónde surge el pensamiento de que una descripción tal debería ser posible? ¿Te ha faltado alguna vez una descripción así? ¿Has intentado describir el aroma y no lo has logrado?[12].

Sin embargo, Irish Murdoch (1919-1999), la filósofa y novelista inglesa, no compartía esta obsesión con sus colegas: «El café, a no ser que sea muy bueno y lo haya hecho otra persona, siempre resulta bastante intole-

---

11. Thomas de Quincey, *Los últimos días de Immanuel Kant*. Cádiz: Firmamento, 2021.
12. Ludwig Wittgenstein, *Investigaciones filosóficas*. Madrid: Trotta, 2021.

rable»[13]. Se ve que el café era una inquietud de los filósofos de Inglaterra en la época, porque su contemporánea
G. E. M. Anscombe (1919-2001) observó que «verter café
cuando quería verter té» era una frase que podría cam-
biarse por «verter líquido de este cazo»[14]. Bueno, sí, pero
¿por qué cambiar una frase concreta por otra menos concreta? Anscombe nunca respondió a esta pregunta.

Cuando Kierkegaard escribió su obra maestra *O lo
uno o lo otro* a los veintinueve años, sopesaba una pregunta existencial muy importante: beber o no café; o lo
uno o lo otro. Pues, como explicó, «cuando bebo café, tengo náuseas por beber café, y cuando no bebo café, tengo
náuseas por no beber café. Así somos los humanos. Toda
la Vida terrenal es una especie de malestar, para unos la
razón es un esfuerzo demasiado grande, para otros, demasiado pequeño»[15]. ¿Por qué le afectaba tanto su consumo de café? La peculiar forma en que lo tomaba podría
explicar este particular sufrimiento. Sus contemporá-
neos en Copenhague durante la década de 1840 conta-
ban que Kierkegaard «encantado, agarraba la bolsa del
azúcar y vertía azúcar en la taza de café hasta amonto-
narla por encima del borde. Luego llegaba el café negro,
increíblemente fuerte, que disolvía lentamente la pirá-
mide blanca»[16]. Muchas de las obras de Kierkegaard tie-

13. Iris Murdoch, *El mar, el mar*. Barcelona: Lumen, 2019.
14. Citada en Michael Freeman (ed.), *Ethics and Medical Decision-Making*. Londres: Routledge, 2001.
15. Søren Kierkegaard, *O lo uno o lo otro*. Madrid: Trotta, 2006.
16. Joakchim Garff, *Kierkegaard: A Biography*. Princeton: Princeton University
Press, 2005, p. 288.

nen cierto elemento autobiográfico, a menudo mal disimulado. Es lo que ocurre con *La repetición*, que gira en torno a un joven filósofo que estudia un semestre en Berlín, como hizo Kierkegaard. Lo que cuenta el estudiante de su visita a las cafeterías de la ciudad hace mayor hincapié en el café que en la compañía:

> Salí a la calle y me dirigí directo a la cafetería que solía visitar todas las tardes cuando estuve por primera vez en la ciudad. Traté de saborear esa bebida que, según la receta del poeta, es «pura, caliente, fuerte y sana, si no se abusa de ella», y que se puede comparar admirablemente, como hace el mismo poeta, con la amistad. La verdad es que una de las pocas cosas que me gustan en el mundo es el café[17].

Puede que un chute de cafeína fuera justo lo que Kierkegaard necesitaba. Había sido un estudiante más bien vago en Copenhague. Pero durante su estancia en Berlín en 1841, logró escribir el borrador no solo de *O lo uno o lo otro* (de más de ochocientas páginas), sino también de su tesis doctoral –*Sobre el concepto de ironía en constante referencia a Sócrates*– en menos de un año.

Supuestamente, el filósofo ilustrado y novelista francés François-Marie Arouet, conocido por su pseudónimo Monsieur de Voltaire, bebía cincuenta y cinco ta-

---

17. Søren Kierkegaard, *La repetición*. Madrid: Alianza Editorial, 2018, p. 117.

zas de café al día. Cosa que parece notable. Y, según su médico, bastante peligrosa. Cuando el médico advirtió al filósofo, que tenía ochenta años, de que aquella bebida era un «lento veneno», Voltaire respondió con su característico ingenio: «Sí, un veneno muy lento. Como que llevo más de ochenta años tomándolo todos los días»[18].

Así que el café no tiene por qué ser malo para la salud; además de un estimulante intelectual, puede incluso ser un placer cotidiano, sencillo y confortante. En su novela *Los mandarines* (1954), uno de los personajes de Simone de Beauvoir dice que tomará un café en el bistró de la esquina y volverá en unos minutos[19]. Es el estilo de vida que asociamos con los existencialistas de la margen izquierda de París. Bueno, ¿cómo lo quieres: con leche, cortado o solo?

CALDERAS

Todos queremos estar calentitos en invierno. Incluso el más espiritual de los filósofos. Como veremos en la entrada sobre las marcas de nacimiento, Descartes odiaba el frío y escribía sus *Meditaciones* frente a la chimenea. Puede que pensara: «Siento calor, luego existo». Los sistemas de calefacción central no existían en la época de Descartes —podemos imaginar su decepción—,

18. Voltaire, *Mercure de France*, 4 de octubre de 1783.
19. Simone de Beauvoir, *Los mandarines*. Barcelona: Edhasa, 1986.

C

pero, trescientos años después, Wittgenstein dedicó una sorprendente cantidad de páginas en lo que quizá sea su obra más influyente a hablar de, efectivamente, calderas.

Las habitaciones de Wittgenstein en la Universidad de Cambridge, famosas por su austeridad, siempre estaban frías. Es posible que por esto, al reflexionar sobre por qué pensamos, se le vinieran a la mente las calderas. Aunque parezca raro, no había calefacción central en la universidad a principios de los cincuenta, a pesar de que el sistema de calderas se había patentado en Estados Unidos en 1867 y la calefacción central se utilizaba en Viena, la ciudad natal de Wittgenstein. Había estudiado matemáticas e ingeniería mecánica y tenía en poca estima la falta de habilidades mentales para la aritmética y el álgebra de sus colegas británicos. Puede que esto explicara, para él, por qué estos aparatos eran tan poco comunes en la Inglaterra del momento, ya que escribió: «¿Para qué piensa el hombre?, ¿para qué sirve esto? ¿Para qué calcula calderas de vapor, en vez de dejar el espesor de la pared al azar? ¡Es solo un hecho de la experiencia que las calderas que fueron calculadas así no explotan tan a menudo! Pero así como el hombre haría cualquier cosa antes que meter la mano en el fuego que lo quemó anteriormente, así también hará cualquier cosa menos dejar de calcular la caldera»[20]. Tanto si fue por escasas habilidades matemáticas o por calderas explosivas, la calefacción central no se extendió por Inglaterra hasta los años se-

20. Ludwig Wittgenstein, *Investigaciones filosóficas*. Madrid: Trotta, 2021.

tenta, unos veinte años después de la muerte de Witt-genstein. Pero solo podemos preguntarnos si, de haber estado disponibles en Cambridge en aquel entonces, el filósofo conocido por ser frugal y espiritual se hubiera molestado en encender los radiadores.

CARRETERAS

No sabemos por qué, pero el sabio chino Lao Tse estaba en contra de las carreteras, que veía como antinaturales. Se supone que, «por su odio a estos instrumentos meca-nicistas, dejó China para vivir entre los bárbaros del oeste»[21]. Es imposible no preguntarse si, al partir hacia tierras desconocidas, el maestro chino viajó por carrete-ra... Como los demás maestros chinos, no detalló sus ra-zones. Y puede que esto sea lo habitual en la filosofía oriental. Las palabras del maestro son la verdad absoluta y no necesitan argumentos. Tal vez esta sea la diferencia fundamental entre la filosofía europea y la asiática.

CERVEZA

A los alemanes, para sorpresa de nadie, les gusta bas-tante la cerveza. Demasiado, creía Friedrich Nietzsche. «¡Cuánta cerveza hay en la inteligencia alemana!», se

21. Citado en Bertrand Russell, *Ensayos impopulares.* Barcelona: Edhasa, 2003.

C

lamentó, y continuó reflexionando: «¿Cómo es posible que hombres jóvenes que consagran su existencia a las metas más espirituales no sientan dentro de sí el primer instinto de la espiritualidad, el instinto de la autoconservación del espíritu, y beban cerveza?»[22].

Es posible que Nietzsche estuviera pensando en Martín Lutero (1483-1546). No hay duda de que este estudioso teólogo dedicó su vida a «ambiciones espirituales» y se dice que dijo aquello de «quienes no beben cerveza no tienen qué beber».

Pero beber cerveza no es cosa de una sola nación. A los de las islas británicas también nos gusta, aunque no en las mismas cantidades. Según un estudio del Servicio Nacional de Salud, los escoceses beben más cerveza que los ingleses[23]. Es posible que estas estadísticas revelen una tendencia que se remonta a los filósofos más ilustres de estos dos países, David Hume y John Locke respectivamente, que tenían opiniones diferentes en cuanto a la cerveza. El inglés alababa la cerveza y al escocés no le entusiasmaba en absoluto.

David Hume dijo que se podía escribir poesía sobre la sidra. Pero el escocés añadió: «La cerveza no habría resultado tan adecuada, pues no es tan agradable, ni al paladar ni a la vista»[24]. John Locke, que era inglés,

22. Friedrich Nietzsche, *El crepúsculo de los ídolos*. Madrid: Alianza Editorial, 2013, p. 101.
23. Simon Johnson, «Scots drink 120 pints of beer a year more than the English», *Daily Telegraph*, 21 de julio de 2010.
24. David Hume, *Tratado de la naturaleza humana*. Madrid: Tecnos, 2005, p. 491.

discrepaba. En 1679 escribió su *Clasificación de la cerveza*. En este meticuloso —y estrictamente empírico, por supuesto— estudio, Locke dividió la cerveza en tres categorías: casera, para la venta y de mezcla.

Llegó a la conclusión, sin duda alguna después de mucha experiencia, de que:

> Las bebidas caseras de Inglaterra son cervezas de alta y baja fermentación, fuertes y pequeñas; las más destacadas, destinadas a la venta, son la cerveza de Lambeth, la cerveza de Margaret y la cerveza de Derby; la sidra de Herefordshire, la sidra de pera y el hidromiel. También hay varios tipos de cervezas combinadas, como la cerveza de gallo, la de ajenjo, la de limón, la de coclearia, la universitaria, etc. En Londres, estas se beben en Hercules Pillars, cerca de Temple; en el Trumpet y otras casas de Sheer Lane, Bell Alley y, según recuerdo, en la English Tavern, cerca de Charing Cross[25].

¿Soy solo yo o a ti también te apetece una birra?

CHISTES

«En la Antigüedad, se coronaba rey a quien alabara mejor a los muertos. En nuestros tiempos, debería coronarse a quien cuente los mejores chistes»[26]. Hay quien

25. Peter King, *The Life of John Locke.* Bohn: London, 1958, p. 15.
26. Søren Kierkegaard, *O lo uno o lo otro.* Madrid: Trotta, 2006.

C

diría que esto explica que Boris Johnson y Silvio Ber-
lusconi ganaran las elecciones. Tal vez Kierkegaard su-
piera algo que los politólogos actuales desconocen. Pero
la afirmación del filósofo existencialista plantea otra
pregunta importante. ¿Por qué contamos chistes? Sigmund Freud tenía una respuesta para todo, aunque no
fuera necesariamente la correcta. Los chistes le interesaban mucho, e incluso escribió un libro entero sobre
ellos, en el que concluyó que el chiste «hace posible la
satisfacción de un instinto (el instinto libidinoso y hostil) en contra de un obstáculo que se le opone y extrae
de este modo placer de una fuente a la que tal obstáculo impide el acceso»[27].

COCHES

Por razones obvias, Platón, Kant y Hume no escribieron sobre automóviles. Pero sabemos lo que Bertrand
Russell pensaba sobre los coches porque, como filósofo del siglo XX, publicó sus reflexiones sobre ellos. En
un ensayo de 1927, meditó sobre los coches como un
modo de entender nuestro comportamiento a menudo irracional hacia los otros seres humanos.

Nadie trata un automóvil de forma tan estúpida como
trata a otro ser humano. Cuando el coche no arranca, no

27. Sigmund Freud, *El chiste y su relación con lo inconsciente*. Madrid: Alianza Editorial, 2012, pp. 119-120.

atribuye su molesto comportamiento al pecado; no dice: «Eres un automóvil muy malo y no te daré más gasolina hasta que arranques». Intenta descubrir el problema y solucionarlo[28].

Puede que a Lord Russell no se le ocurriera que el coche es un objeto inanimado. Hannah Arendt, en cambio, no dudaba de que un coche es tan solo una cosa y, aunque no tenemos pruebas de que la autora de *Eichmann en Jerusalén* fuera aficionada al motor, en uno de sus libros más filosóficos, *La condición humana*, expresó su sorpresa por el voraz entusiasmo que despertaba el nuevo invento, que era consumido «como si [los coches] fueran *las cosas buenas* de la naturaleza»[29].

COCINAR

Puede que nunca te hayas acercado a un libro de filosofía esperando que tuviera recetas. Pero te sorprendería saber que Sócrates (470-399 a. C.), que al parecer era de buen comer, estuvo cerca de darnos una receta en *La república* de Platón: «Se me olvidaba que también tendrán companaje: sal, desde luego; aceitunas, queso, y podrán asimismo hervir cebollas y verduras, que son alimentos del campo. De postre les serviremos higos,

28. Bertrand Russell, *Why I am Not a Christian and Other Essays on Religion and Related Subjects*. Londres: Routledge and Kegan Paul, 1974.
29. Hannah Arendt, *La condición humana*. Barcelona: Paidós, 2023.

guisantes y habas, y tostarán al fuego murtones y bellotas»[30]. Lamentablemente, no hay constancia de cómo se
llamaba este plato ni mucho menos de qué sabor tenía.

Comida

Como filósofos, debemos volver siempre a los primeros principios. Nadie sabía esto mejor que Simone Weil
(1909-1943), que advertía que «hay que discernir lo esencial y lo accidental», pues «el hombre no necesita arroz
o patatas, sino alimento»[31].

A los filósofos cristianos les gustaba bastante comer.
Quizá por eso san Agustín —ese amante de los placeres y ladrón de peras norteafricano que llegó a ser obispo de Hipona (354-430)— señaló que «tomar más carne y bebida de lo necesario» era un pecado, pero «un
pecado menor»[32].

Thomas Hobbes y san Agustín eran polos opuestos.
No estaban de acuerdo ni en ética, ni en religión, ni
en ciencia, ni por supuesto tampoco en su actitud hacia la comida. Solo en el *Leviatán*, el filósofo inglés em-
pleó el sustantivo «comida» veintinueve veces. Y no precisamente para dar su aprobación. Es posible que los
filósofos ingleses fueran unos amargados que no sabían
apreciar las cosas buenas de la vida. Locke, compa-

30. Platón, *La república*. Madrid: Alianza Editorial, 2013, p. 165.
31. Simone Weil, *El arraigo*. Madrid: Alianza Editorial, 2025, p. 56.
32. San Agustín, *La Ciudad de Dios*. Madrid: Tecnos, 2010.

triota de Hobbes, dijo que la dieta debe ser austera y sencilla[33].

Søren Kierkegaard era un hombre adinerado y de gusto refinado que no sentía más que desprecio por aquellos que engullían la comida. En *O lo uno o lo otro* escribió que «de entre todas las cosas ridículas, se me antoja que lo es en grado sumo ir con prisas por el mundo, ser un hombre pronto para comer y pronto para obrar»[34].

Pero el existencialista danés no dijo nada sobre qué comida prefería consumir. Ludwig Wittgenstein era más directo. Aborrecía las comidas extravagantes. «Que quede claro», le dijo el austriaco a su amigo Maurice Drury después de un banquete en la casa de este, «mientras estemos aquí, no vamos a vivir así. Desayunaremos un plato de gachas de avena, comeremos verduras del huerto y cenaremos un huevo duro»[35].

Por desgracia, no se sabe si Drury toleró más a Wittgenstein como invitado que John Maynard Keynes (véase QUESO).

COMIDA (PEDIR)

A juzgar por las pocas fotos que hay de él, Wittgenstein era un hombre muy delgado. Tal vez hubiera una

---

33. John Locke, *Pensamientos sobre la educación*. Madrid: Akal, 2012.
34. Søren Kierkegaard, *O lo uno o lo otro*. Madrid: Trotta, 2006.
35. Ludwig Wittgenstein, *Cuadernos (1914-1916)*. Madrid: Síntesis, 2009.

razón para ello: pasaba demasiado tiempo pensando en el significado de pedir comida. «Cuando digo la orden "¡Tráme azúcar!" y "¡Tráeme leche!" tiene sentido, pero no la combinación "Leche a mi azúcar". Esto no significa que la pronunciación de esta combinación de palabras no tenga ningún efecto»[36]. Si se hubiera limitado a pedir un café y tal vez un sándwich para acompañar, a lo mejor no habría estado tan flaco.

Cosquillas

El elemento sorpresa es fundamental para muchas cosas. «Nadie se hace cosquillas a sí mismo», escribió Aristóteles, «porque en el caso de que otro haga cosquillas se sienten menos si se está sobre aviso, y se sienten más si uno no lo ve». ¿Pero por qué tenemos cosquillas? Según él, porque las partes del cuerpo donde las tenemos «son zonas de pequeños vasos sanguíneos»[37].

36. Ludwig Wittgenstein, *Investigaciones filosóficas*. Madrid: Trotta, 2021.
37. Aristóteles, *Problemas*. Madrid: Gredos, 2004, p. 428.

D

Decepción

«Antes de poder hacerse una idea de lo que realmente es la vida, uno debe haber aprendido a soportar la decepción»[1]. Así opinaba del tema Kierkegaard. Cabe decir que no era una persona particularmente feliz, así que tal vez se consolaba al concluir que «las personalidades optimistas siempre se llevan decepciones más agradables»[2].

Bueno, como teoría es interesante. Si es verosímil o no ya es otra cosa. Otra pensadora existencialista rechazaba esta idea y consideraba improbable el razonamiento de Kierkegaard: resumiendo, Simone de Beauvoir

---

1. Søren Kierkegaard, *La repetición*. Madrid: Alianza Editorial, 2009.
2. Søren Kierkegaard, *O lo uno o lo otro*. Madrid: Trotta, 2006.

declaró que una decepción siempre era eso, solo una decepción. Cuando las cosas no salen como esperabas, tienes motivos para mosquearte, frustrarte y ponerte triste. Kierkegaard usaba la palabra danesa «skuffelse» en sus ensayos. Muchos años después, Johannes Møllehave (1937-2021), un teólogo y novelista danés que escribió mucho sobre su famoso compatriota, publicó una inspiradora disertación sobre «Las decepciones que no se cumplen» (*Skuffelser der ikke gik i Opfyldelse*, 1987). Esta forma de ver la vida le levanta a uno el ánimo.

Deporte

Solemos pensar que los filósofos son unos empollones poco aficionados al ejercicio físico, así que tal vez nos sorprenda saber que son varios los que escribieron sobre el deporte. Aristóteles, en un tratado que por desgracia se perdió, escribió sobre los campeones olímpicos, y Descartes escribió una disertación sobre el arte de la esgrima. Está claro que estos escritores se tomaban el deporte en serio. Jean-Jacques Rousseau creía que era esencial para la cohesión social. En un libro que escribió para el gobierno polaco, aconsejó a sus clientes echar mano del deporte y los espectáculos. «Miren a España», escribió, «donde las corridas de toros han contribuido tanto a mantener el vigor del pueblo». Y acto seguido propuso: «Las competiciones de equitación podrían tener el mismo efecto», ya que «dan para un espectáculo»[3].

Medio siglo después de Rousseau, G. W. F. Hegel estaba de acuerdo en que el deporte tiene un fin social y fue aún más específico: «La carrera, la lucha, el pugilato, la carrera de carros, el lanzamiento del disco y el tiro con arco [...], sirven meramente al fin del regocijo»[4]. Lo más seguro es que Hegel no tuviera mucha experiencia como deportista. No hay constancia de que hiciera flexiones ni de que corriera por los parques de Berlín. Pero sus conclusiones no estaban tan lejos de las de los filósofos que creían que el deporte tenía un fin educativo. Como buen clasicista, había leído a Platón.

Igual que John Rawls (véase BÉISBOL), Platón tenía experiencia en el deporte (véase LUCHA LIBRE), así que sabía de lo que hablaba cuando pedía que se tomaran precauciones: «Al ejercitarse en la gimnasia y realizar sus ejercicios, [el músico] lo hará atendiendo al elemento fogoso de su naturaleza y con intención de estimularlo más bien que con vistas al mero vigor corporal; no como los atletas ordinarios, que enderezan sus trabajos y régimen alimenticio únicamente al logro de este último». Platón continuó diciendo que «los que practican exclusivamente la gimnástica se vuelven más feroces»[5].

3. Jean-Jacques Rousseau, *Escritos políticos*. Madrid: Trotta, 2006.
4. G. W. F. Hegel, *Lecciones sobre la filosofía de la historia universal*. Madrid: Alianza Editorial, 2004.
5. Platón, *La república*. Madrid: Alianza Editorial, 2013, pp. 244-245.

Todas estas palabras de *La república* las dice Sócrates. Solemos pensar que Sócrates era el portavoz de Platón y creemos que las declaraciones del primero son invenciones del segundo. Pero es posible que el verdadero Sócrates hablara sobre este tema. Se dice que no era ningún perezoso y que ejercitaba el cuerpo y lo mantenía en buenas condiciones.

Parece que Aristóteles, el alumno más famoso de Platón, por el contrario, no era muy deportista; sabemos que tenía las piernas muy delgadas. Sin embargo, eso no lo disuadió de escribir sobre el asunto. Para Aristóteles, el entrenamiento era recomendable para los hombres jóvenes, pero también podía afectar negativamente al desarrollo.

De hecho, entrenar demasiado de muy jóvenes podría salir mal para los deportistas de élite, pues «entre los vencedores olímpicos puede uno encontrar tan solo dos o tres lacedemonios, hombres o niños, que hayan obtenido la victoria, porque al ejercitarse desde jóvenes han perdido su vigor a causa de tan forzados ejercicios»[6].

Desayuno

«Yo estaba pensando en mi desayuno y en si este sería hoy más tarde»[7]. Wittgenstein, listo para hincar el diente en unos huevos y unas pastas, no habría estado de

6. Aristóteles, *Política*. Madrid: Alianza Editorial, 2015, p. 365.
7. Ludwig Wittgenstein, *Investigaciones filosóficas*. Madrid: Trotta, 2021.

acuerdo con su colega del siglo XIII, Tomás de Aquino (1225-1274). El fraile, que por lo demás no era demasiado estricto con el consumo excesivo de comida, creía que desayunar demasiado temprano era un pecado e incluso acuñó el término *praepropere*, que significa comer demasiado pronto o a deshoras[8].

Hume, por otro lado, estaba en el equipo de Wittgenstein. Le gustaba desayunar temprano y bien, y consideraba que «tener un apetito voraz» era «un buen síntoma»[9]. Se habría sentado con Wittgenstein alegremente para tomar el Frühstück antes de abordar otro día de meditaciones filosóficas. Así que, como diría el austriaco: *Guten Appetit!*

DIARIO (CÓMO ESCRIBIR UN)

Hay que admitir que a veces los filósofos piensan demasiado. Para el común de los mortales, algo tan mundano como llevar un diario no da para mucha especulación ni mucho análisis. Pero Wittgenstein —quién si no— creía que su diario merecía un enfoque científico. Sus reflexiones lo llevaron a escribir: «Cuando calculo cuándo estoy libre según mi diario, el resultado es $\int \sin(x)dx$»[10]. En la misma obra, más adelante, el doctor

---

8. Tomás de Aquino, *Suma teológica*.
9. David Hume, «Carta al Dr. George Cheyne», en *The Cambridge Companion to David Hume*. Cambridge: Cambridge University Press, 1993, p. 519.
10. Friedrich Waismann, *Ludwig Wittgenstein y el círculo de Viena*. México: Fondo de Cultura Económica, 1973.

Wittgenstein se preguntaba por qué no tenía compromisos los viernes. La ecuación, al parecer, no funcionaba. Es posible que la respuesta fuera más prosaica que filosófica, y mucho menos matemática: ¿y si sus colegas ya estaban de fin de semana?

DINERO

David Hume era un tipo práctico. Cuando escribía sobre dinero, adoptaba un tono más descriptivo que normativo. «El dinero —escribió— [...] es tan solo el instrumento sobre el que los hombres se han puesto de acuerdo para facilitar el intercambio de un producto por otro». O, dicho de forma más poética, «no es una de las ruedas del trato comercial, sino el aceite que hace más suave y más fácil el movimiento de esas ruedas»[11]. A Hume no le importaba demasiado hacer dinero.

A los filósofos antiguos sí. De hecho, les preocupaba muchísimo ganar dinero y hacerse asquerosamente ricos. Platón, en particular, era —si usamos un término moderno— más bien anticapitalista y mantenía que ningún particular debería tener permitida la posesión de oro o plata, solo de monedas para gastos diarios.

Aristóteles pensaba igual de mal del dinero que su maestro, pero, como siempre, con un estilo distinto.

11. David Hume, *Ensayos morales, políticos y literarios.* Madrid: Trotta, 2011, p. 264.

El sabio diferenciaba entre *economía* (el arte de llevar una casa) y *crematística* (el arte de crear riqueza). A pesar de que reconocía que la creación de riqueza podía ser legítima en un Estado, se oponía a cualquier forma de codicia y llegó a la conclusión de que «parece necesario que haya una limitación de cualquier riqueza»[12]. Pues, al fin y al cabo, el dinero se inventó como método de intercambio. De este modo, según Aristóteles, el dinero no era un fin en sí mismo.

En la Edad Media, Tomás de Aquino no hizo sino actualizar la idea de Aristóteles, aunque el fraile italiano fue más radical. Advirtió de que había «unos pocos hombres adinerados que se aprovechan de su riqueza y oprimen al pueblo» e incluso llegó a decir que «los hombres no deberían poseer bienes materiales como propios, sino para el beneficio de todos; compartiendo con los demás según su necesidad»[13]. Aquino, aunque era un pensador de mente abierta que podía y quería citar a pensadores judíos y musulmanes, no conocía a Confucio. Pero, en lo que al dinero se refiere, habrían estado de acuerdo. «Que el salario sea tu único objetivo es vergonzoso», se supone que dijo el sabio chino.

Esta visión tan restrictiva de la riqueza es, obviamente, muy diferente a la de los libertarios económicos como el estadounidense Robert Nozick, que, hacien-

---

12. Aristóteles, *Política*. Madrid: Alianza Editorial, 2015, p. 79.
13. Tomás de Aquino, *Suma teológica*.

do uso de una una expresión curiosa, defendía todos los «actos capitalistas consentidos entre adultos»[14].

Entonces, ¿qué consecuencias trae el amor por el dinero? Hegel sintetizó las diferentes posturas de quienes estaban a favor de aplicar restricciones y los que no, de una manera que hoy resulta no solo muy precisa, sino premonitoria. En 1820 escribió: «Los distintos objetivos [...] chocan, y aunque la correcta relación entre ellos es automática, para perfeccionarla hace falta un control que esté por encima de ambas». Sin la intervención del Estado en la economía se desataría una enorme desigualdad, pues el capitalismo trae consigo «el engendramiento de la plebe, el cual a la vez acarrea de nuevo la mayor facilidad para concentrar riquezas desproporcionadas en pocas manos»[15]. No es de extrañar que Karl Marx se «declarara abiertamente discípulo de tan magnífico pensador», ya que, en muchos aspectos, Hegel era el más apasionado y elocuente en su crítica del capitalismo.

DORMIR

A René Descartes le gustaba una buena siesta. No es de extrañar que este dormilón francés reflexionara a

14. Robert Nozick, *Anarquía, Estado y utopía.* México: Fondo de Cultura Económica, 1988.
15. G. W. F. Hegel. *Fundamentos de la filosofía del derecho.* Madrid: Tecnos, 2017.

menudo sobre dormir y los sueños en su filosofía. En su *Discurso del método*, por ejemplo, escribió que «podemos imaginar en sueños que tenemos otro cuerpo y vemos otros astros y otra tierra sin que ello sea cierto»[16]. Es una pena que trabajara para la reina Cristina de Suecia (1626-1689), una madrugadora que exigía clases de filosofía a las cinco de la mañana. De hecho, los madrugones mataron literalmente al racionalista francés, pues contrajo neumonía por salir al alba a las nieves de Suecia.

Al reflexionar sobre Morfeo, Descartes estaba siguiendo una tendencia popular entre los filósofos del siglo XVI. Thomas Hobbes dijo: «Me doy cuenta con frecuencia de lo absurdo de mis sueños, y, sin embargo, jamás sueño con los absurdos de los pensamientos que se me ocurren en la vigilia, me conformo con saber que, cuando estoy despierto, no estoy soñando, aunque cuando sueño pueda parecerme que estoy despierto»[17]. John Locke era muy fan del sueño, sobre todo del de los jóvenes: «No hay nada que se deba permitir más a los niños que el sueño. Solo en esto debe permitírseles una satisfacción plena; nada contribuye más a la salud y al crecimiento de los niños que el sueño»[18].

David Hume, que escribió unos cincuenta años después, coincidía con Descartes: «El hombre profundamente dormido», escribió en *Tratado de la naturaleza*

16. René Descartes, *Discurso del método*. Madrid: Alianza Editorial, 2011, p. 127.
17. Thomas Hobbes, *Leviatán*. Madrid: Alianza Editorial, 2018, p. 59.
18. John Locke, *Pensamientos sobre la educación*. Madrid: Akal, 2012.

humana, «es insensible al tiempo»[19]. A Søren Kierkegaard, un siglo más tarde, también le gustaba quedarse en la cama. Escribió esta ingeniosa paradoja: «Así es como reparto mi tiempo. La mitad del tiempo duermo, la otra mitad sueño; cuando duermo nunca sueño, sería una lástima, pues dormir es la mayor de las genialidades»[20].

A Platón, por su parte, no le gustaban los que se pasaban el día durmiendo: «Un hombre dormido no sirve de nada, es como si estuviera muerto». A diferencia de sus colegas dormilones, el filósofo ateniense pensaba que «no está bien que se duerma a pierna suelta para ser despertado por los esclavos, sino que la noche debe ser utilizada, en el grado en que la salud lo permita, para velar en tareas provechosas para sí mismo y para el común»[21]. Que conste en acta que estoy escribiendo estas palabras en mitad de la noche.

Pero el humilde autor del presente librito no ha sido el único en tomar nota; también lo han hecho pensadores bastante más brillantes que él. Immanuel Kant hacía que su criado lo despertara todos los días a las cinco de la mañana.

Y, a partir de sus infatigables estudios empíricos, Aristóteles llegó a la conclusión —precisamente en *Sobre el sueño*— de que las personas con las venas pequeñas, los enanos y las personas con cabeza grande dormían mucho. No le habría sorprendido que uno de los diminu-

---

19. David Hume, *Tratado de la naturaleza humana*. Madrid: Tecnos, 2005, p. 84.
20. Søren Kierkegaard, *O lo uno o lo otro (1)*. Madrid: Trotta, 2006, p. 53.
21. Platón, *Las leyes*. Madrid: Alianza Editorial, 2014, p. 61.

tos compañeros de piso de Blancanieves se llamara Dormilón. La explicación que daba a los sueños era que se debían a la indigestión[22].

A Hobbes también le interesaban las causas de las pesadillas. El inglés, como de costumbre poco romántico y fiel a su mentalidad mecanicista, creía que «los sueños son causados por la afección de algunas partes interiores del cuerpo»[23].

Los filósofos éticos también han escrito sobre el sueño y lo que podríamos llamar los derechos naturales de los dormilones. La filósofa de Oxford Philippa Foot (1920-2010) creía que fotografiar a una persona mientras dormía era inmoral. Podemos debatir si es un pecado capital, pero no podemos negar la otra reflexión que hizo sobre el sueño: «En la vida humana, es una necesidad aristotélica (algo de lo que depende nuestra forma de vida) que si, por ejemplo, un desconocido se nos acerca mientras dormimos, piense que no estaría bien matarnos»[24]. No le quiero faltar al respeto a una de las filósofas más importantes de todos los tiempos, pero esto es poner el listón muy bajo, tanto para la decencia humana como para una buena siesta.

¿Sigues despierto? Vale... ¡Que duermas bien! Pues, como escribió Nietzsche: «Bienaventurados son los somnolientos, pues no tardarán en quedar dormidos»[25].

22. Aristóteles, *De Somno et Vigilia.*
23. Thomas Hobbes, *Leviatán.* Madrid: Alianza Editorial, 2018, p. 59.
24. Philippa Foot, *Natural Goodness.* Oxford: Clarendon Press, 2003.
25. Friedrich Nietzsche, *Así habló Zaratustra.* Madrid: Alianza Editorial, 2011, p. 72.

E

EDIFICIOS

Los ingleses siempre han sido muy prácticos. Francis Bacon era un buen ejemplo: «Las casas se construyen para vivir en ellas, no para mirarlas»[1], escribió en un ensayo sobre el tema. El mismo sentido pragmático se apoderó de Mary Wollstonecraft cuando escribió sobre los edificios en *Vindicación de los derechos de la mujer*. La protofeminista no habría tenido mucho tiempo para los programas de bricolaje que llenan la parrilla televisiva: «Por muy bonitos que resulten la casa o el jardín a los ojos de las niñas, no disfrutan realmente de ninguno»[2]. David Hume, a su vez, recalcaba lo prác-

---

1. Francis Bacon, *Novum organum*. Oxford: Clarendon Press, 1889.
2. Mary Wollstonecraft, *Vindicación de los derechos de la mujer*. Madrid: Cátedra, 2018.

tico sobre lo estético. Como si estuviera contando un episodio de *Grandes diseños* o *Casas de ensueño*, Hume describió cómo «quien nos enseña una casa o un edificio muestra particular interés en señalarnos la conveniencia de las habitaciones, lo ventajoso de su disposición y el poco espacio perdido en escaleras, antecámaras y pasillos»[3].

Que los filósofos de Europa continental, desde Descartes hasta Heidegger y Wittgenstein, tuvieran un punto de vista diferente era casi de esperar. Hegel expresó la idea contraria de que «la arquitectura es arte» e incluso adoptó un tono muy metafísico al decir que un «edificio es lo primero que abre el camino a la adecuada realidad del dios»[4].

René Descartes tenía los pies un poco más en la tierra cuando escribió sobre las casas, aunque también tenía opiniones muy firmes: «Los edificios que ha emprendido y acabado un solo arquitecto suelen ser más bellos y mejor ordenados que aquellos otros que varios han tratado de restaurar»[5].

La cabaña diseñada y construida por Martin Heidegger (1889-1976) era «hermosa» a su manera. *Die Hütte,* en la Selva Negra, está abierta al público hoy en día. Es un santuario de tres dormitorios dedicado a la reflexión,

3. David Hume, *Tratado de la naturaleza humana*. Madrid: Tecnos, 2005, p. 497.
4. G. W. F. Hegel, *Lecciones sobre la estética*.
5. René Descartes, *Discurso del método*. Madrid: Alianza Editorial, 2011, pp. 99-100.

estéticamente agradable, aunque sin las comodidades que incluso en los años veinte eran básicas. Heidegger, el maestro de obra, dijo que sus pensamientos sobre la construcción no pretendían descubrir ninguna idea arquitectónica y mucho menos crear reglas sobre cómo construir[6].

Pero Heidegger no fue el único filósofo que hizo sus pinitos en la construcción. Filosóficamente, se parecía un poco a Wittgenstein. El primero era el pensador continental* por excelencia, mientras que el segundo era el más grande de los filósofos analíticos. Pero ambos hombres, que nacieron el mismo año, compartían además una pasión: la construcción y la arquitectura. Heidegger se ensució las manos e hizo de albañil él mismo. Wittgenstein, en cambio, se conformaba con dar indicaciones a sus trabajadores y nunca participaba en el trabajo de construcción en sí. Parece un poco distante al escribir sobre el arte de construir casas. «La arquitectura», opinó, «inmortaliza y glorifica [y] no puede haber arquitectura que no tenga nada que glorificar»[7]. Gloriosa o no, el filósofo diseñó una casa para su hermana y la hizo construir (era de familia adinerada). La casa aún está en Kundmanngasse, en Viena. Pero su hermana la aborrecía y no llegó a vivir en ella. Curiosamente, Wittgenstein, que nunca se sintió del todo cómodo con la etiqueta de «filósofo», aparecía

6. Martin Heidegger, *Construir, Habitar, Pensar.* Madrid: La Oficina de Arte y Ediciones, 2015.
7. Ludwig Wittgenstein, *Aforismos. Cultura y valor.* Barcelona: Austral, 2013.

en la guía telefónica de la ciudad de Viena como Dr. L. Wittgenstein, arquitecto.

EMPRENDEDORES

Bertrand Russell escribió la famosa frase «el conocimiento inútil puede ser muy placentero»[8]. Pero a mucha gente —lectores de prensa amarilla o encargados de los presupuestos del Gobierno central— les cuesta rascarse los bolsillos para pagar por disquisiciones filosóficas. Y es que, ¿qué sabrán los filósofos? ¿Por qué pierden el tiempo pensando en si existe o no el mundo externo, si estamos despiertos cuando soñamos y dormidos cuando creemos que estamos despiertos y no sé qué más?

Este escepticismo sobre la «inutilidad» de la filosofía es tan antiguo como la propia filosofía. Tales de Mileto (624-548 a. C.), al que se considera como el primer filósofo de Occidente, fue muy criticado por sus reflexiones *ociosas*, así que decidió de una vez por todas demostrar que sus críticos estaban equivocados. Aristóteles relata así la historia:

Cuentan que una vez que unos le reprochaban, viendo su pobreza, la inutilidad de su filosofía, previó gracias a sus conocimientos de astronomía que habría una buena cosecha de aceitunas cuando aún era invierno, y con los pocos dineros que poseía, entregó las fianzas para arrendar todos los molinos de aceite de Mileto y de Quíos, alquilándolos por muy poco cuando no tenía competidor. Y en cuanto llegó la temporada, los realquiló al precio que quiso y reunió un buen montón de dinero para demostrar que es fácil para los filósofos hacerse ricos cuando quieren; pero que no es por eso por lo que se afanan.

En efecto, de Tales se cuenta que de esa forma hizo demostración de su sabiduría. Pero hay, como dijimos, un principio general en un negocio de ese tipo: asegurarse, siempre que uno pueda, el monopolio. Así también algunas ciudades se apropian ese recurso cuando andan escasas de dinero. Entonces fijan un monopolio de las mercancías[9].

Por lo general, lo de que los filósofos no saben ganar dinero es un mito. Lo que pasa es que la mayoría de ellos aspiran a cosas más importantes que a hacer crecer su cuenta bancaria. Voltaire, famoso por escribir *Cándido* y el *Diccionario filosófico*, pudo, gracias a un generoso préstamo de la zarina Catalina la Grande (1729-1796), abrir un lucrativo negocio de relojería. El emprendedor filósofo presumía en una carta:

He abierto en la aldea de Ferney un pequeño anexo a la fábrica relojera de Bourg-en-Bresse. Hemos transformado nuestro teatro [...] en talleres. Allí, donde antes recitá-

---

9. Aristóteles, *Política*. Madrid: Alianza Editorial, 2015, p. 84.

bamos versos, ahora derretimos oro y pulimos engrana-
jes. Hay que construir nuevas casas para los emigrantes
[...]. Hoy en día todo el mundo quiere un reloj de oro,
desde Pekín hasta Martinica [...]. Los de naturaleza
sensible se alegrarán al saber que sesenta hugonotes viven tan bien con mis parroquianos que sería imposible
adivinar que aquí se profesan dos religiones[10].

Y, para los que crean que la filosofía es una pérdida
de tiempo, diremos que algunos de los inversores más
ricos del mundo han estudiado, efectivamente, filosofía. George Soros (nacido en 1930), que se matriculó
en el programa de filosofía de la Escuela de Economía
de Londres, quería ser pensador, como Kant, Aristóteles o su maestro, Karl Popper (1902-1994). «He desa-
rrollado un marco conceptual que me ha ayudado [...]
a ganar dinero como gestor de fondos de cobertura.
[...] Pero el marco en sí no tiene que ver con el dinero,
sino con la relación entre el pensamiento y la realidad,
un tema que los filósofos han estudiado en profundidad desde la Antigüedad».

Así que, como a Tales, la filosofía le dio a Soros «pers-
picacia, primero como analista de valores y luego como
gestor de fondos de cobertura», que le permitió «aban-
donar mis exploraciones filosóficas y centrarme en ganar dinero»[11]. Tales, por el contrario, demostró que te-

---

10. Voltaire, *Carta al Marqués de Jaucourt,* 1770.
11. Citado en *Financial Times,* 26 de septiembre de 2009.

nía razón y volvió a sus reflexiones. Puede que por este mismo motivo sea recordado durante más tiempo que el multimillonario.

ESCUCHAR

¿Estás prestando atención? Los filósofos son gente muy verborreica. Hay que decir que la mayoría prefiere hablar a escuchar, pero, de vez en cuando, tienen un arranque de modestia y entran en razón.

Søren Kierkegaard, aunque también escribió mucho, confesó que tenía «cada vez menos que decir. [...] He dejado de hablar y empezado a escuchar» y, al hacer esto, «he descubierto la voz de Dios en el silencio»[12]. Y es que, para el existencialista danés, el silencio abría la puerta al despertar espiritual.

¿Pero qué significa escuchar? Básicamente, hay que entender que «oír», como dijo Roland Barthes, «es un fenómeno fisiológico», mientras que «escuchar es un acto psicológico»[13]. Por tanto, escuchar es un fenómeno social que no se limita a oír. Esto no es ninguna novedad, desde luego. Kant también creía que «no ver te separa de las cosas y no escuchar te separa del resto de la gente».

12. Søren Kierkegaard, *Discursos edificantes en espíritu diverso*. Salamanca: Ediciones Sígueme, 2024.
13. Roland Barthes, *Lo obvio y lo obtuso. Imágenes, gestos y voces*. Barcelona: Paidós, 2021.

E

El arte de escuchar es tan antiguo como la filosofía en sí, pero a la gente siempre se le ha hecho difícil. «Las buenas palabras rara vez encuentran quien las escuche»[14], escribió san Agustín de Hipona. Esto es algo serio, ya que, si no escuchamos a los demás, nos privamos del conocimiento de nuestros conciudadanos. El filósofo medieval Marsilio de Padua (1275-1342) se dio cuenta de esto cuando instó a los poderosos a escuchar, pues «a veces, el ciudadano menos instruido puede percatarse de algo relacionado con una ley propuesta que debería ser corregido, aunque no sepa cómo confirmarlo»[15]. Sea esto muy profundo o nada, cabe recordar el refrán que dice: «La palabra es plata y el silencio es oro».

ESTORNUDO

«Ah, sí, el éxtasis del estornudo»: Søren Kierkegaard no solía dar consejos sobre cuestiones fisiológicas, pero era tan fan del placer cotidiano del estornudo que hizo una excepción y recomendó que «si tienes muchas ganas de estornudar, haz burbujas con agua con la nariz y, si eso no funciona, prueba a hacerte cosquillas en la nariz». Aunque se cubrió las espaldas y advirtió que esto último también «podría no funcionar»[16].

14. San Agustín, *La Ciudad de Dios.* Madrid: Tecnos, 2010.
15. Marsilio de Padua, *Defensor Pacis*, Parte III, capítulo II.
16. Søren Kierkegaard, *Samlede Papirer.* Copenhagen: Gyldendalm, 1962.

Kierkegaard compartía varias ideas con su predecesor Blaise Pascal, del siglo XVII. Estaban de acuerdo en la benevolencia del Todopoderoso, el pecado original, la obediencia ciega a Dios y, curiosamente, en el estornudo. Como Kierkegaard, el escritor francés supuestamente destacó la maravillosa sensación de estornudar y dijo que el estornudo absorbe todas las funciones del alma.

Los solteros religiosos de la Era Moderna no eran los únicos que disfrutaban de un buen estornudo. Estornudar les gustaba hasta a los filósofos antiguos. Aristóteles, que normalmente no era muy dado a la exageración, alabó la sensación asociada a este fenómeno respiratorio y dijo que «vemos el estornudo como algo divino». Como nunca abandonaba los temas de los que hablaba, se preguntó: «¿Por qué las salidas de los otros aires, como la ventosidad o el eructo, no son sagradas, mientras que la del estornudo sí lo es?». Tenía una explicación para ello: «La ventosidad es un aire que sale del vientre, el eructo del estómago y el estornudo de la cabeza. Así pues, por ser el lugar más sagrado, también el aire que sale de allí se venera como sagrado»[17].

Hasta aquí bien. Pero a ciertos anglicanos les preocupaban en exceso las consecuencias del estornudo. Pascal y Kierkegaard, aunque ambos eran fundamentalistas cristianos radicales, no seguían esta particular rama del cristianismo. Bertrand Russel tampoco, pero

17. Aristóteles, *Problemas*. Madrid: Gredos, 2004, p. 418.

escribió sobre los peligros del estornudo según la Iglesia anglicana. «La gente chapada a la antigua sigue diciendo "Jesús" cuando alguien estornuda, pero ha olvidado el origen de esta costumbre. Antes se creía que, al estornudar, el alma se salía del cuerpo y, antes de que volviera a entrar, los demonios que estuvieran merodeando por ahí podían entrar en el desalmado. Sin embargo, si invocabas el nombre de Jesús, espantabas a los demonios»[18].

Tal vez resulte más perturbador saber que las gotículas de un estornudo pueden viajar hasta cuatro metros desde las fosas nasales, que posiblemente estén llenas de gérmenes. Por desgracia, el estornudo no es algo que podamos detener cuando queramos, como observó Wittgenstein: «Uno no produce un estornudo [...] por voluntad propia». En la actualidad es probable que estemos más preocupados por la distancia social que porque se nos metan unos demonios en el alma.

EXCREMENTOS

La palabra que usó Elizabeth Anscombe fue «cagar». Es famosa su inclusión del término en una conferencia sobre los placeres intrínsecos, cuando pronunció con acento pijo la doble te de esta palabra en inglés,

18. Bertrand Russell, *Ensayos impopulares.* Barcelona: Edhasa, 2003.

shitting[19]. No fue la única gran filósofa que pensó en la mierda. Platón creía que todo tenía un ser interior, al que llamaba la «forma». Todo lo que encontramos en la vida, como los caballos, la bondad, el amor o las manzanas, tiene una «forma» equivalente de una naturaleza superior, casi divina. La manzana verdadera y perfecta. Cuando miramos una manzana, la comparamos inconscientemente con la verdadera «forma» que solo existe en el cielo y la juzgamos según el parecido que haya entre la manzana real que tenemos en la mano y la que hay en el cielo.

Pero en sus últimos años de vida, Platón empezó a poner en duda esta manera de ver el mundo y a su interlocutor, Sócrates, le fue difícil definir el ser, o la forma, de la caca o, «la poquería, la mierda o cualquier cosa totalmente indigna»[20]. A fin de cuentas, se hace difícil pensar en el zurullo divino y verdadero.

Aristóteles lo veía de forma más práctica y contó que el gobierno de Atenas había impuesto sanciones «contra cualquier estercolero que tirase su estiércol cerca de la muralla [de la ciudad]»[21]. Pero Aristóteles, famoso por ser el fundador de la biología (y de prácticamente todas las demás disciplinas académicas) también pensaba en los excrementos de una forma más científica, llegando a la conclusión de que «los cuerpos deben

19. G. E. M. Anscombe. Citada en el obituario de *The Guardian*, 11 de enero de 2001.
20. Platón, *Parménides*. Madrid: Alianza Editorial, 2015.
21. Aristóteles, *La Constitución de los atenienses*.

encontrarse en tal situación que, al recibir el residuo, lo expulsen inmediatamente, y estén en movimiento y no en reposo. Y es que lo que está quieto se pudre, como el agua, y lo podrido y que no se mueve produce enfermedad»[22]. Dejo al lector decidir si esta reflexión es un truño o no.

Otros filósofos han reflexionado sobre la naturaleza de los excrementos en un tono más teológico. El piadoso Martín Lutero pensaba constantemente en el pecado, en Jesús y en la salvación. Sin embargo, a diferencia de la mayoría de los predicadores rebeldes, Lutero solía utilizar la palabra alemana *scheiße*. El exfraile y fundador del luteranismo, que influyó al desarrollo del protestantismo, escribió que estaba «lleno de mierda» e incluso escribió un sermón bastante grosero en el que se dirigía al Diablo con palabras muy claras: «Piérdete, Satán, cómete tu propia mierda»[23].

Esta ordinariez se decía mucho durante la Edad Media y el Renacimiento, igual que ahora. Aunque algunos la utilizaban de manera más prosaica. Por ejemplo, Montaigne escribió —con razón, cabe decir— que «los reyes y los filósofos defecan, y también las damas»[24].

En comparación con aquellos tiempos en los que se hablaba sin rodeos, los filósofos modernos, con la excep-

---

22. Aristóteles, *Problemas*. Madrid: Gredos, 2004, p. 129.
23. Citado en Danielle Mead Skjelver, «German Hercules: The Impact of Scatology on the Definition of Martin Luther as a Man 1483-1546», *Pittsburgh Undergraduate Review*, vol. 14, n.º 1, 2009, p. 15.
24. Michel de Montaigne, *Los ensayos*. Barcelona: Acantilado, 2007.

ción de Elizabeth Anscombe, tienden a contenerse en el uso de los tacos. Sin embargo, se dice que Wittgenstein, al recomendar a otros filósofos que no se pasaran de grandilocuentes, dijo: «No intentes cagar más alto que el culo»[25].

25. Citado en David Edmonds y John Eidinow, «Wittgenstein's Poker», *The Guardian*, 21 de noviembre de 2001.

F

Fanático

Los zelotes, según el historiador judío Flavio Josefo (37-100), eran miembros de una antigua secta israelí que quería imponer una teocracia judía mundial y echar a los romanos de Palestina en torno a 70 d. C[1]. Fracasaron estrepitosamente. En realidad, estos revolucionarios no eran doctrinarios, pero perdieron, lo que no ayuda a la reputación de nadie en los libros de Historia. Esto probablemente explica por qué esta palabra se utiliza como sinónimo de fanático o devoto.

Los filósofos han tenido distintas opiniones sobre los extremistas. El filósofo estadounidense George Santa-

---

1. Flavio Josefo, *Autobiografía. Sobre la antigüedad de los judíos*. Madrid: Alianza Editorial, 2015.

yana (1863-1952) dijo que si eras un fanático estabas «esforzándote el doble cuando te has olvidado de apuntar»[2]. Más alarmante es la afirmación de Locke de que «los fanáticos rara vez tienen la paciencia de abstenerse de la violencia y el pillaje»[3].

Kierkegaard, por su parte, apoyaba las opiniones extremas, siempre y cuando estuvieran asentadas en sentimientos profundos y siguieran el dictado de Dios. En su famoso —y excepcionalmente perturbador— libro *Temor y temblor* (1843), sostuvo que hay «una suspensión teleológica de lo ético». Vamos, que el fin justifica los medios. El filósofo existencialista llegó a justificar la intención de Abraham de matar a Isaac cuando Dios le dijo: «Lleva a tu hijo a la tierra de Moriá y sacrifícalo»[4]. Dios intervino justo antes de que Abraham blandiera el cuchillo, por supuesto, pero esto a Kierkegaard no le importaba, ya que, como fanático, creía en «lo que hay de edificante en el pensamiento de que, con respecto a Dios, siempre estamos en el error»[5].

Kierkegaard creía que era bueno que existieran los fanáticos, pues «la pureza de corazón es querer una sola cosa», como escribió en otro libro epónimo. O, más concretamente, «si un hombre desea el bien de

---

2. George Santayana, *La vida de la razón o fases del progreso humano.* Madrid: Tecnos, 2005.
3. John Locke, *Carta sobre la tolerancia.*
4. Génesis 22:2.
5. Søren Kierkegaard, *O lo uno o lo otro (2).* Madrid: Trotta, 2006, p. 309.

verdad, debe estar dispuesto a hacer cualquier cosa por el Bien», incluso sacrificar a sus propios hijos[6].

Cien años antes, Henry Home, Lord Kames (1695-1782), un filósofo, juez y crítico escocés, escribió: «Para un fanático, cada miembro de su propia secta es un santo, mientras que los más honestos de otra son hijos de la perdición»[7].

FÚTBOL

Los existencialistas Jean-Paul Sartre (1905-1980) y Albert Camus (1913-1960) se pelearon en los años cincuenta. Hay varias teorías sobre qué provocó esta discusión —la política, las mujeres u otros asuntos de menor importancia— pero muy pocas han sugerido que pudo ser el fútbol. Albert Camus, que era buen portero, confesó que «lo que sé con mayor certeza sobre la moral y las obligaciones se lo debo al fútbol». Jean-Paul Sartre no estaba tan seguro y de ahí, tal vez, su discusión. El autor de *El existencialismo es un humanismo* y *A puerta cerrada* señaló que «en el fútbol, la presencia del otro equipo lo complica todo»[8].

---

6. Søren Kierkegaard, «La pureza del corazón consiste en querer una sola cosa», en *Discursos edificantes en espíritu diverso*. Salamanca: Ediciones Sígueme, 2024.
7. Lord Kames, *Elements of Criticism*. Londres: Adamant Media Corporation, 2001, p. 148.
8. Citado en «L'autre planète foot», *Le Monde*, 31 de mayo de 2002.

F

Parece que a los existencialistas les gustaba el fútbol. Puede que Martin Heidegger pasara a la posteridad por su densa obra *Ser y tiempo*, pero también ha de saberse que le apasionaba el *fußball*. Su biógrafo escribe que el gran filósofo se obsesionó con este deporte más o menos cuando Alemania Occidental ganó el Mundial de 1974. Para entonces, Heidegger era un anciano caballero y su rigidez y severidad se habían suavizado con los años. Su biógrafo cuenta que iba a la casa de los vecinos a ver los partidos de la Eurocopa por televisión. Su jugador favorito era Franz Beckenbauer, defensa del Bayern de Múnich. Heidegger no sentía más que admiración por *Der Kaiser*, como llamaban a Beckenbauer. El capitán del Bayern controlaba el balón de forma delicada, algo que el anciano Heidegger demostraba imitando sus movimientos. El filósofo llamó a Beckenbauer «jugador inspirado» y alababa su «invulnerabilidad» en los duelos librados en el campo[9].

Franz Beckenbauer parecía un pensador. Puede que la apreciación de esta cualidad por parte de Heidegger explique por qué se incluyó al maestro bávaro en el equipo de filósofos alemanes que jugaban contra los pensadores griegos en el famoso *sketch* de Monty Python *Partido de fútbol de filósofos* de 1972. El capitán del Bayern de Múnich aparecía junto a Hegel (interpretado

9. Sobre Heidegger y Beckenbauer, véase Rüdiger Safranski, *Un maestro de Alemania. Martin Heidegger y su tiempo*. Barcelona: Austral, 2015.

por Graham Chapman); Nietzsche (Michael Palin), Marx (Terry Jones) y Kant (Terry Gilliam). Lo que tal vez no sepas es que Beckenbauer estaba en el campo haciendo de sí mismo en el *sketch*.

A veces la inspiración es al revés. Arsène Wenger, antiguo entrenador del Arsenal, conocido como «Le Prof» por su conducta intelectual, filosofaba al hablar *du foot* y llegó a la conclusión de que los distintos estilos de juego venían de diferentes filosofías.

Si lo piensas bien, la cultura de un país depende de qué se aprende en el colegio. En Francia tenemos a Descartes. Su racionalismo es la base de todo nuestro pensamiento y cultura. En Italia está Maquiavelo, que también es racional y calculador.

Continuó diciendo que «en Inglaterra, tal vez porque están en una isla, son más guerreros»[10]. Esto encaja con lo que dijo Thomas Hobbes sobre sus compatriotas: «Están compitiendo continuamente por el honor y la dignidad. [...] Como consecuencia, surge entre los hombres, por esa razón, envidia y odio, y, en última instancia, la guerra»[11]. Hay que tenerlo todo en cuenta.

Otro entrenador de fútbol, José Mourinho —por aquel entonces no muy exitoso entrenador del Manchester United— se puso igual de filosófico al hacer una refe-

10. Citado en «Premiership anarchy could drive Arsène away», *Daily Mail*, 10 de noviembre de 2010.
11. Thomas Hobbes, *Leviatán.* Madrid: Alianza Editorial, 2018, p. 232.

rencia a *La fenomenología del espíritu* de Hegel. Después de perder 3 a 0 contra el Tottenham Hotspur, el entrenador portugués le preguntó a un confundido periodista si «había leído a Hegel» y le dijo que «Hegel dice: "La verdad está en el todo", siempre está en el todo»[12].

En realidad, esta relación entre el fútbol y la filosofía no es extraña. Al fin y al cabo, como supuestamente dijo Bill Shankly, el difunto y legendario entrenador del Liverpool, «hay quien cree que el fútbol es cuestión de vida o muerte... Te aseguro que es mucho más importante».

No es de extrañar que el postestructuralista francoargelino Jacques Derrida dijera que habría preferido haber sido conocido como futbolista internacional que como filósofo[13].

12. Citado en «Mourinho says he is one of the great managers – and quotes Hegel to prove it», en *The Guardian*, 31 de agosto de 2018.
13. Citado en Michael Dillon, «Derrida»; en T. Carver y J. Martin (eds.), *Palgrave Advances in Continental Political Thought*. Londres: Palgrave, 2005, p. 260.

G

Gatos

«Soy el animal que ve mi gato», dijo el filósofo francés Jacques Derrida (1930-2004)[1]. Los filósofos franceses peleaban por todo: el comunismo, el estructuralismo, el ser, la nada, la revolución y muchas cosas más. Salvo por una cosa. Una importante. A todos les gustaban los gatos. Y les ponían a sus mininos nombres muy apropiados. Mencionaré solo tres ejemplos. Jean-Paul Sartre (1905-1980) tenía un gato llamado Néant («Nada»), que, por supuesto, era una de las palabras de su denso tratado *El ser y la nada* de 1943. Michel Foucault (1926-1984) no quiso quedarse atrás y llamó a su gata negra Locura (no podía ponerle otro nom-

---

1. Jacques Derrida, *El animal que luego estoy si(gui)endo.* Madrid: Trotta, 2005.

bre porque era el autor de *Historia de la locura en la época clásica,* de 1961). Jacques Derrida aparece en muchas imágenes con su gato Logos. ¿Es posible que su famosa crítica del «logocentrismo» fuera en realidad una forma de decirse a sí mismo que su felino gris gobernaba su vida?[2]

Otras corrientes filosóficas fueron menos amables con los gatos. Sobre todo, la de los alemanes. «Un gato negro con sus ojos encendidos, con sus furtivos movimientos o sus rápidos saltos, es como un ser maligno, como un incomprensible y hermético fantasma»[3], escribió Hegel. Probablemente deberíamos deducir que el filósofo alemán no era fan de los gatos, pero sí que le gustaban bastante los cánidos (véase PERRO).

Puede que la principal razón por la que el físico alemán Erwin Schrödinger (1887-1961) es famoso en la actualidad sea su (hipotético) gato, cuyo estado de vivo o muerto es imposible de determinar con certeza desde fuera de su caja sellada. Pero este experimento mental, concebido con Albert Einstein para explorar el problema de la superposición cuántica, es más alarmante de lo que la mayoría de gente recuerda: el instruido profesor no solo no tenía gatos, sino que el experimento que propuso en «El estado actual de la mecánica cuántica» requería encerrar al gato en una cámara de

2. Emily Temple, «This is just a reminder that Albert Camus named his cat Cigarette, because of course he did», *Lit Hub*, 4 de enero de 2022.
3. G. W. F. Hegel, *Lecciones sobre la filosofía de la historia universal.* Madrid: Alianza Editorial, 2004.

acero con un matraz de veneno y una fuente de átomos radioactivos[4]. Esto, la verdad, no parece ser obra de un amante de los gatos, sino una razón para alarmarse y llamar a una protectora felina. No, Schrödinger no era nada de fiar con los gatos.

Michel de Montaigne (1533-1592) era, por el contrario, un gatófilo empedernido. En sus famosos *Ensayos*, propuso una pregunta que es tanto un problema filosófico como una observación que reconocerá al momento cualquiera que tenga un minino impasible: «Cuando juego con mi gata, ¿cómo sé que no es ella la que juega conmigo?»[5].

GLOTONERÍA

Numerosos retratos religiosos, crucifijos y retablos dan a entender que Jesús estaba desnutrido. Obviamente, ninguno de los artistas que crearon estas imágenes vio a Jesús ni se inspiró en ninguna descripción fiable de su verdadero aspecto, y es poco probable que se pareciera al hombre delgado con abdominales definidos que se representa en las iglesias. Te darás cuenta de esto si lees la Biblia con atención. Al Salvador de los Cristianos le gustaba comer bien o, al menos, más que a su amigo asceta Juan Bautista: «Porque ha venido

4. Edwin Schrödinger, «Die gegenwärtige Situation in der Quantenmechanik», *Naturwissenschaften,* vol. 23, 1935, pp. 807-812.
5. Michel de Montaigne, *Los ensayos.* Barcelona: Acantilado, 2007.

Juan el Bautista, que no come pan ni bebe vino, y dicen: "¡Demonio tiene!". Ha venido el Hijo del Hombre que come y bebe, y dicen: "¡He aquí un hombre comilón y bebedor de vino, amigo de recaudadores de impuestos y de pecadores!"»[6]. En el siglo IX, la filosofía islámica evolucionó, y el primer pensador en escribir sobre asuntos de gran calado fue Al-Farabi. Sabemos muy poco de este filósofo de Bagdad, a menudo considerado el primero de la Edad de Oro del islam, salvo que sus retratos lo representan como alguien excepcionalmente delgado. Tiene sentido, ya que dejó escrito: «Los seres humanos tienden a ser vulgares, crueles y glotones, atiborrándose de comida»[7].

Menos nos sorprende imaginarnos a Santo Tomás de Aquino como un tipo grandote, y ya hemos dicho que le gustaba comer bien. Él mismo reconocía que, por definición, «la glotonería es la falta de moderación con la comida». Sin embargo, se mostraba comprensivo y, encogiéndose de santos hombros, señaló que «el hombre no puede evitarlo», refiriéndose a comer de más. De todos modos, daba igual, porque Tomás llegó a la conclusión de que la glotonería «no es un gran pecado»[8].

Thomas Hobbes era conocido por su hostilidad —que no siempre disimulaba— hacia el cristianismo. Puesto que tanto Jesús como Tomás de Aquino eran permisivos

6. Lucas 7:34.
7. Al-Farabi, «Political Regime», en *Alfarabi: Political Writings*, Vol. II. Ithaca: Cornell University Press, 2004, pp. 3-94.
8. Tomás de Aquino, *Suma teológica*.

con la gula, no es de extrañar que Hobbes, eterno contrario, pensara lo opuesto. Defendía que comer demasiado te convierte en un filósofo mediocre y que la gula llega a hacerte más tonto, pues «aquellos hombres que solo se preocupan de su comida [...] prefieren creer en cualquier absurdo antes que tomarse el trabajo de examinarlo»[9].

Immanuel Kant era menos hostil hacia la religión que Hobbes, pero igual de intolerante con los glotones. El filósofo prusiano, un hombre pequeño y escuálido, consideraba que:

> La intemperancia animal en el disfrute de la comida es un abuso de los medios de disfrute que inhibe o agota la facultad de usarlos intelectualmente. El alcoholismo y la glotonería son los vicios que figuran bajo esta rúbrica. En el estado de embriaguez ha de tratarse al hombre como a un animal, no como hombre; por el exceso de comida y en un estado semejante, se encuentra inutilizado durante cierto tiempo para realizar acciones que exigen agilidad y reflexión en el uso de las fuerzas. Es evidente que ponerse en tal estado supone violar un deber para consigo mismo[10].

Guiñar

Hoy en día te puedes meter en un lío si le guiñas el ojo a alguien. Para Schopenhauer, al parecer, abstenerse de

9. Thomas Hobbes, *Leviatán*. Madrid: Alianza Editorial, 2018, p. 765.
10. Immanuel Kant, *La metafísica de las costumbres*. Madrid: Tecnos, 2005.

G

esta actividad requería ser un dios. Muy inspirado e interesado en la filosofía y religión de la India, escribió: «La muerte es para ella lo que el sueño para el individuo o el guiño para el ojo, siendo así que la ausencia de párpados caracteriza a los dioses hindúes cuando aparecen con forma humana»[11].

11. Arthur Schopenhauer, *El mundo como voluntad y representación (2)*. Madrid: Alianza Editorial, 2010, p. 629.

H

Hipo

Muchos grandes pensadores se han esforzado en averiguar las misteriosas causas y curas del hipo. Platón, siempre en busca de la primera causa, creía que la «hartura de comida» daba hipo. Aunque también consideró, de forma poco habitual en él, la idea de que esta forma de espasmo reiterado del diafragma —para utilizar el término científico— podría deberse a «alguna otra razón»[1].

Así que mejor pasamos de las causas y vamos directamente a las posibles curas. Aristóteles escribió que «el calor crea un mejunje, por lo que el vinagre detiene el hipo [...], así como aguantar la respiración si el

---

1. Platón, *El banquete*. Madrid: Alianza Editorial, 2013, p. 82.

hipo es leve, pues el aliento se calienta al limitarse». O puede que la forma de deshacerse de un reflejo no deseado sea caer en otro: «Los estornudos hacen cesar el hipo», escribió el ateneo, aunque añadió que «no detienen los eructos»[2]. Søren Kierkegaard habría estado de acuerdo: «Tenía que librarse del hipo, pero no antes de estornudar»[3]. Kierkegaard también reflexionó en profundidad sobre esta otra actividad, de la que disfrutaba mucho (véase ESTORNUDO).

Pero, por supuesto, el hipo no le molesta a todo el mundo. A Lord Byron (1788-1824) le gustaba la sensación o, al menos, eso se deduce de una carta que le escribió a un amigo: «Perdí el control con el vino y el vino me hizo perder la memoria; por lo que durante la última hora todo fue hipo y felicidad»[4].

2. Aristóteles, *Problemas*. Madrid: Gredos, 2004, p. 421.
3. Søren Kierkegaard, *Samlede Papirer.* Copenhagen: Gyldendalm, 1962.
4. Lord Byron, *Carta a Thomas Moore,* 31 de octubre de 1815.

I

INGLESES

Honra merece quien a los suyos se parece, y John
Stuart Mill (1806-1873) dijo de sus compatriotas: «Sin
duda, los ingleses son un pueblo extraordinariamente
estúpido»[1]. Bueno, me parece que también se puede
decir lo mismo de cualquier otra nacionalidad.

INSULTOS

Tras su muerte, se venera a los filósofos como hombres
y mujeres eruditos que reflexionaban sobre las pregun-

---

1. John Stuart Mill, entrada del diario del 10 de enero de 1854. En J. M.
Robson (ed.), *Obras completas de John Stuart Mill*, vol. XXVII: *Diarios y discursos
en debates, Parte II*. Toronto: University of Toronto Press, 2006.

tas más profundas con imparcialidad extrema, y que no recurrían al insulto fácil, sino que se esforzaban en utilizar argumentos sesudos y racionales, ¿verdad? ¡Pues qué va! A veces, incluso las mentes más brillantes pertenecieron a individuos mezquinos que decían cosas más bien desagradables sobre sus colegas. Søren Kierkegaard describió a su rival, el obispo H. L. Martensen como «una bola de mocos»[2]. Karl Popper, para fomentar el método científico, defendía el uso de argumentos cuya incorrección —o «falsedad»— pudiera demostrarse. Pero cuando el filósofo austriaco escribió sobre Martin Heidegger, no siguió su propio método. «Pido a los filósofos de todos los países que se unan y no vuelvan a mencionar jamás a Heidegger ni a hablarle a ningún filósofo que defienda a Heidegger. Este hombre era un demonio»[3]. ¿Por qué estaba tan enfadado Popper? ¿Por el antisemitismo de Heidegger? ¿Porque fue miembro del partido nazi? No precisamente. Popper odiaba a su colega alemán por ser impreciso y descuidado con el lenguaje.

Hablando de la precisión en el lenguaje, Epicuro, según consta, no era muy amable con sus rivales y expresaba la mala opinión que tenía de ellos de forma original: «Nausífanes [de quien no sabemos nada] era un pusilánime, un embustero y una ramera» y «Aristóteles [era] un despilfarrador, que vendió droga tras gas-

---

2. Søren Kierkegaard, *El instante*. Madrid: Trotta, 2025.
3. Karl Popper, citado en *Intellectus*, vol. 23, julio de 1992.

tarse la herencia»[4]. El delito de injurias no existía en la antigua Grecia, ni en la Francia del siglo XVII, donde René Descartes comentó que «Pascal [el genio científico que formuló el concepto del vacío, entre otras cosas] tiene demasiado vacío en el cerebro»[5].

4. Epicuro, *Carta a los filósofos de Mitilene,* en *Obras completas.* Madrid: Cátedra, 2005.
5. René Descartes, *Carta a Christiaan Huygens,* 7 de diciembre de 1640. Citado en Christiane Valain, «Descartes, correspondant scientifique de Constantyn Huygens», *Revue d'Histoire des Sciences,* 1998, pp. 373-380, 378.

J

Jardinería

«Debemos labrar nuestra huerta»: así acaba el *Cándido* (1759) de Voltaire[1]. El héroe epónimo le respondía a su mentor filósofo, el doctor Pangloss, que creía que todo era lo mejor que podía ser «en el mejor de los mundos posibles». Pero el autor de esta pícara réplica al optimismo leibniziano tenía buena mano con las plantas. Se sabe que, mientras vivía exiliado de Francia, Voltaire disfrutaba de los jardines frondosos de Wandsworth y Covent Garden, que en aquel entonces estaban en la periferia de Londres, y después se aventuró en la horticultura en sus propiedades cerca de Ginebra y en Ferney.

---

1. Voltaire, *Cándido y otros cuentos.* Madrid: Alianza Editorial, 2013, p. 169.

J

La frase final de este relato satírico no es accidental, sino que refleja el interés del filósofo por la horticultura, o eso creen los expertos[2].

Voltaire forma parte de una larga lista de ilustres filósofos jardineros. Si nos remontamos a la época clásica, encontramos que el político y pensador romano Marco Tulio Cicerón (106-43 a. C.) escribió: «Si tienes una biblioteca y un jardín, tienes todo lo que necesitas»[3].

En el Renacimiento brotó una verdadera pasión por la jardinería (y tantas otras disciplinas). A menudo se cita a sir Francis Bacon cuando dijo que «la jardinería es el más puro de los placeres humanos»[4] y al filósofo social y humanista Tomás Moro (1478-1535), que en *Utopía* habla de la jardinería como uno de los mayores placeres de los amaurotanos[5].

Antes de quedarse ciego, John Milton (1608-1674) era un apasionado de la botánica y se decía que su jardín en la londinense Aldersgate Street había sido creado de tal forma que la mezcla de colores resultaba de una perfecta armonía en primavera, verano y otoño. Tal vez la razón por la que su grandiosa y épica *El Paraíso perdido* todavía nos conmueve es su comprensión profunda de cómo debieron de sentirse Adán y Eva cuando fueron expulsados de «este vergel plantado con los árboles del

2. C. Rubinger, «Some Gardens in the French Eighteenth-Century Novel», en *Dalhousie French Studies,* 1994, pp. 85-95.
3. Marco Tulio Cicerón, *How to Win an Argument: An Ancient Guide to the Art of Persuasion.* Princeton: Princeton University Press, 2016.
4. Francis Bacon, *Of Gardens.*
5. Tomás Moro, *Utopía.* Madrid: Alianza Editorial, 2012, p. 144.

buen Dios»[6]. David Hume no practicaba la jardinería, pero apreciaba la horticultura como arte y describía el placer que siente «una persona que pasea por la mañana en un jardín», señalando que «los jardines de que disfrutan los ricos» nos resultaban «agradables y vivos»[7].

Por supuesto, disfrutar de la jardinería y que se te dé bien no es lo mismo. Confucio (551-479 a. C.) no solía dar grandes muestras de humildad, pero el sabio chino no confiaba demasiado en sus habilidades para el arte de cultivar plantas: «No soy tan bueno como un viejo jardinero»[8], reconoció.

JUEGO

Solemos pensar en la antigua Atenas como el prestigioso centro del saber, el lugar de nacimiento de la democracia y la cultura occidental, pero para los atenienses todo era un juego de niños. *Paidia*, término griego para designar el juego o la diversión infantil, es la raíz de la palabra *paideia,* «educación». Y, para dejarlo aún más claro, *skhole*, término del que viene «escuela», significa ocio. No es de extrañar, entonces, que Platón, a través de Sócrates, insistiera en que la mejor forma de enseñar era mediante el juego: «El alma no conserva

6. John Milton, *El Paraíso perdido*. Madrid: Alianza Editorial, 2019, p. 257.
7. David Hume, «De la razón de los animales», en *Tratado de la naturaleza humana*. Madrid: Tecnos, 2005, p. 492.
8. Confucio, *Analectas.*

ningún conocimiento que haya penetrado en ella por la fuerza», dijo. Y siguió: «No emplees, pues, la fuerza, mi buen amigo, para instruir a los niños; que se eduquen jugando y así podrás también conocer mejor para qué está dotado cada uno de ellos»[9].

Casi dos mil años después, John Locke seguía opinando igual: «Siempre he pensado que el aprendizaje debería ser un juego para los niños, para que deseen aprender»[10].

Y medio siglo más tarde, Jean-Jacques Rousseau defendió el uso del juego de forma parecida, señalando que «no hay niño campesino de doce años que no sepa utilizar una palanca mejor que el primer mecánico de la Academia», porque aprendieron jugando. «Las lecciones que los escolares aprenden entre sí en el patio del colegio son cien veces más útiles que cuanto se les pueda decir nunca en clase»[11].

Rousseau, Locke y Platón tenían un gran interés por la educación y el comportamiento de los niños. Aristóteles fue un poco más allá y dijo que el juego infantil era importante para los adultos, «ya que el trabajo fatigoso necesita del descanso, y el juego aprovecha al descanso, mientras que el trabajo se hace con fatiga y esfuerzo»[12]. Es casi como si la historia de la filosofía

9. Platón, *La república*. Madrid: Alianza Editorial, 2013, p. 505.
10. John Locke, *Pensamientos sobre la educación*. Madrid: Akal, 2012.
11. Jean-Jacques Rousseau, *Emilio o De la educación*. Madrid: Alianza Editorial, 2011, p. 190.
12. Aristóteles, *Política*. Madrid: Alianza Editorial, 2015, p. 361.

fuera una sucesión de opiniones sobre los beneficios de jugar y actuar como niños. Nietzsche creía que el objetivo de la vida era precisamente convertirse en un niño juguetón, pues «para el juego del crear se precisa un santo decir sí: el espíritu quiere ahora *su* voluntad, el retirado del mundo conquista ahora *su* mundo»[13].

Hace menos tiempo, los psicólogos se apropiaron de estas ideas sobre el juego. Freud pensaba que jugar era fundamental para la creatividad tanto de los niños como de los adultos. El padre del psicoanálisis creía que «el poeta hace lo mismo que el niño que juega: crea un mundo de fantasía al que toma muy en serio»[14].

Cómo no, también hay aguafiestas que no ven el juego con buenos ojos. San Agustín no creía que jugar de forma inocente e infantil tuviera ventaja alguna. Escribió con aprobación que le dieron una paliza como castigo «porque, por jugar a la pelota, progresaba peor en mis estudios»[15]. Y eso que el obispo de Hipona sabría que las Escrituras dicen que, «a no ser que os convirtáis y [...] seáis como niños pequeños, no entraréis en el reino de los cielos»[16].

13. Friedrich Nietzsche, *Así habló Zaratustra.* Madrid: Alianza Editorial, 2011, p. 67.
14. Sigmund Freud, «El creador literario y el fantaseo»; en *Obras completas (9).* Buenos Aires: Amorrortu, 1992.
15. San Agustín, *Confesiones.* Madrid: Alianza Editorial, 2011.
16. Mateo 18:3.

L

LIMPIAR

Montaigne se tomaba esta actividad universal en serio, por lo que llevó a cabo un estudio detallado que reveló que los romanos «se limpiaban el culo con una esponja». El ensayista francés dice que «por eso *spongia* es un término obsceno en latín». Esta esponja, por si te lo preguntabas, estaba «sujeta a la punta de un bastón»[1].

LUCHA LIBRE

Tal vez te sorprenda saber que el que posiblemente fuera el filósofo más grande de todos los tiempos practicaba la lucha libre; es más, ganó en los Juegos Ístmi-

1. Michel de Montaigne, *Los ensayos*. Barcelona: Acantilado, 2007.

cos. Su nombre real era Aristocles, pero prefería el nombre que le había puesto su entrenador, igual que el actor Dwayne Johnson es conocido por su nombre de luchador de la WWE, The Rock. Más adelante, cuando su carrera deportiva terminó, este pensador escribió mucho sobre el deporte. ¿Y cuál era el nombre del famoso luchador? Lo has adivinado: Platón. El apodo viene de una palabra griega que significa «el de hombros anchos». Al contrario de lo que podría imaginarse, Platón no parecía un empollón escuálido: era un tío musculoso con un físico más parecido al de Sylvester Stallone que al de Arthur Schopenhauer.

Así que Platón sabía de qué escribía; era un profesional. Sin embargo, también era bastante de la vieja escuela, elogiaba las «maniobras legítimas de la lucha libre normal (liberar el cuello, las manos y los costados del enredo)» y no le gustaba la modalidad más espectacular de este antiguo arte marcial. El excampeón declaró que la introducción de «elementos de boxeo» era «completamente inútil» y que tales payasadas «no merecen el honor de ser descritas».

No, Platón insistía en que el *pálē* —nombre griego del deporte más popular del mundo antiguo— «se practicaba en aras de la fuerza y la salud, con el deseo tenaz de ganar y sin posturas ingratas». Defendía una forma de lucha práctica y sin florituras, pues este deporte era «extremadamente útil y no debemos abandonarlo»[2].

2. Platón, *Las leyes*. Madrid: Alianza Editorial, 2014.

Sin embargo, algunos pensadores recientes tienen una forma más esotérica de ver la lucha libre, aunque puede que esto tan solo refleje cómo han cambiado ciertos aspectos de este antiguo deporte a lo largo de los siglos. El estructuralista francés Roland Barthes publicó en 1957 un ensayo sobre *le catch*, como llaman en su idioma a este deporte, que está recogido en su libro *Mitologías*, en el que ponía el énfasis en la lucha como espectáculo pseudorreligioso: «Lo que se libra al público es el gran espectáculo del dolor, de la derrota y de la justicia. [...] El luchador que sufre bajo el efecto de una toma considerada cruel (un brazo torcido, una pierna acuñada) ofrece la imagen desbordada del sufrimiento; como una *Pietá* primitiva, se deja mirar el rostro exageradamente deformado por una aflicción intolerable»[3]. La pensadora contemporánea Lisa Jones va más lejos al analizar la lucha libre profesional moderna: «Metidos en el *kayfabe*: entender y apreciar la lucha libre profesional»: «[la lucha libre profesional] es la representación ficticia de un conflicto deportivo. Tal vez los niños pequeños sean los únicos que lo vean como algo "real", igual que creen en Papá Noel»[4].

Para John Rawls, nos dice su biógrafo, la lucha libre era un desafío demasiado grande y real. El filósofo no pudo clasificarse en la categoría de 75 kilos, así que pro-

3. Roland Barthes, *Mitologías*. Madrid: Clave Intelectual, 2022.
4. Lisa Jones, «All caught up in the kayfabe: understanding and appreciating pro-wrestling», *Journal of the Philosophy of Sport* 46(2), 2019, pp. 276-291.

bó suerte en la categoría inferior. Pero tuvo que ponerse a dieta y perdió fuerza. Así que su carrera de luchador llegó a su fin, como la de Platón. Afortunadamente, como ya hemos visto, todavía disfrutó del béisbol[5] (véase BÉISBOL).

5. Thomas Pogge, *John Rawls: His Life and Theory of Justice*. Nueva York: Oxford University Press, 2007, p. 10.

M

MAQUILLAJE

Aunque Simone de Beauvoir solía pintarse los labios de rojo[1], debemos recurrir a una fuente más sorprendente, Bertrand Russel, para leer una observación filosófica sobre el siguiente problema: «¿Quién puede usar pintalabios?». Si bien poco conocido —hay que reconocer que no es su obra más complicada y es de lectura más fácil que *Principia Mathematica*—, este escrito plantea preguntas importantes. Por ejemplo, ¿por qué todas las mujeres, salvo las de algunas profesiones, tenían permitido usar pintalabios? Según Russell, «las trabajadoras sociales no deberían pintarse los labios, a pesar de que todas las señoras que las financian lo ha-

---

1. Simone de Beauvoir, «My Clothes and I», *Observer*, 20 de marzo de 1960.

cen». Después de rumiar durante un tiempo sobre esta hipocresía, Russell llegó a la conclusión de que, en realidad, todas las mujeres deberían pintarse los labios, ya que mostraba que estaban contentas, algo que le parecía bueno[2]. En la actualidad, este razonamiento puede parecernos más que un poco dudoso y que habría dado lo mismo que planteara otra pregunta: ¿por qué echaron al carmín de Bellas Artes? (Respuesta: ¡porque solo pintaba labios!).

MARCAS DE NACIMIENTO

Descartes tenía una teoría compleja e incluso extravagante sobre esto: «Los niños», señaló, «nunca tienen marcas de nacimiento si la madre come la fruta que le gusta» y por esta razón, especuló el francés, «es muy probable que el niño se cure si come la fruta en cuestión»[3]. Esta era su teoría. Descartes no era de esos que probaban en la práctica, sino que prefería sentarse delante de la chimenea y meditar. Tal vez tenía razón. Yo lo dudo, pero ¿quién sabe? ¡No hay que descartar una teoría así como así solo porque parezca rarita!

2. Bertrand Russell, «Who may use lipstick?»; en *Mortals and Others*. Londres: Routledge, 2009.
3. René Descartes, *Philosophical Writings of Descartes, II*. Cambridge: Cambridge University Press, 1985, p. 148.

MATRIMONIO

La caricatura del sabio filósofo suele ser la de un soltero despistado. Y es cierto, muchos de ellos entran en la categoría de «solterón». Ludwig Wittgenstein, Tomás de Aquino, John Locke, Baruch Spinoza y Friedrich Nietzsche tienen muy poco en común, salvo que nunca se casaron.

Hubo numerosas excepciones, por supuesto, entre las que están Hegel, Marx y Aristóteles. Platón, que también estaba casado, era implacable con los que evitaban pasar por el altar. Sus colegas ya mencionados habrían sufrido graves consecuencias bajo el régimen con el que soñaba el ateniense. En *Las leyes*, habló de la obligatoriedad del matrimonio, diciendo que «la ley establece sanciones para los que se resistan a contraer matrimonio [antes de los treinta y cinco años], eludiendo así un deber para con la comunidad»[4].

Aunque también era soltero, Immanuel Kant reflexionó sobre distintos aspectos de la institución del matrimonio. El prusiano definió el matrimonio como el monopolio del uso de los genitales de la pareja —si esta era su forma de ver el amor, es evidente por qué no se casó nunca— y la obligación recíproca a servirse de otra persona para darse placer[5].

Las observaciones de Tomás de Aquino, que tampoco tenía experiencia casamentera de primera mano,

4. Platón, *Las leyes.* Madrid: Alianza Editorial, 2014, p. 53.
5. Immanuel Kant, *La metafísica de las costumbres.* Madrid: Tecnos, 2005.

eran menos creativas, ya que intentaba por todos los medios no salirse de la doctrina de la Iglesia. Escribió: «En el matrimonio hay una unión en la que hablamos de marido y mujer; y esta unión, al tener un objetivo [la procreación], es el matrimonio; mientras que la unión de cuerpos y mentes es un resultado del matrimonio»[6].

Hay pocas personas con opiniones más contrarias que Tomás de Aquino y su tocayo Thomas Hobbes en cuanto a muchos asuntos, incluido el matrimonio. Hobbes, soltero, veía el matrimonio con malos ojos. Lo expresó en la sección sobre el «Tormento eterno» de su libro más famoso, *Leviatán*. «Pues los malvados», escribió, «podrían vivir en la resurrección igual que vivieron antes, y casarse y darse en matrimonio y tener cuerpos sólidos y corruptibles como los que la humanidad tiene en el estado presente»[7]. Nada de unión espiritual de cuerpos y mentes. ¿Envidia, tal vez?

No es de extrañar que Søren Kierkegaard, famoso por romper dolorosamente su compromiso con Regine Olsen para dedicarse a la vida de filósofo célibe, también reflexionara sobre la institución del matrimonio. Fiel a la introspección que lo caracteriza, el padre del existencialismo escribió en *O lo uno o lo otro*: «Cásate, te arrepentirás; no te cases, también te arrepentirás; te cases o no te cases, en ambos casos te arrepentirás»[8]. Bueno, esto no ayuda mucho. Cónyuges: no puedes vivir con ellos ni sin ellos.

6. Tomás de Aquino, *Suma teológica*.
7. Thomas Hobbes, *Leviatán*. Madrid: Alianza Editorial, 2018, p. 732.
8. Søren Kierkegaard, *O lo uno o lo otro (1)*. Madrid: Trotta, 2006, p. 62.

MICCIÓN

Se sabe que Diógenes orinaba en público, aunque no está claro qué quería transmitir con esto este filósofo tan bromista. Aristóteles, en cambio, mucho más directo, desarrolló toda una teoría de la micción: «Cuando nos paramos delante del fuego, tenemos ganas de orinar, y si nos paramos delante del agua, por ejemplo junto a un río, orinamos».

Aristóteles era un hombre observador y creía que todo tenía una explicación. «Porque cualquier agua provoca el recuerdo de la humedad que hay en el cuerpo, y atrae la que está próxima. El mismo fuego disuelve lo que está coagulado en el cuerpo, como el sol hace con la nieve»[9].

Lucrecio, cuyas observaciones parecían banales de vez en cuando, observó que «a menudo personas limpias, si prendidas por el sueño, creen que al pie de cubeta y tinajas truncadas ellas se alzan la ropa, derraman el líquido filtrado de todo su cuerpo, empapándose de orina los cobertores babilónicos de magnífico esplendor»[10]. Con el debido respeto, ¿qué iban a hacer si no? Esto debía de tener un significado más profundo. O era cachondeo y el romano se estaba meando de la risa...

MIERDA (VÉASE EXCREMENTO)

9. Aristóteles, *Problemas*. Madrid: Gredos, 2004, p. 137.
10. Lucrecio, *La naturaleza de las cosas*. Madrid: Alianza Editorial, 2016, p. 259.

N

Niños

«Los niños son los únicos filósofos valientes. Y los filósofos valientes son, de forma inevitable, niños». Esta es una cita que a menudo se atribuye al escritor de ciencia ficción y filósofo ruso Yevgeny Zamyatin (1884-1937). Erasmo de Róterdam (c. 1466-1536) escribió un libro sobre la educación de los niños, aunque no tenía ninguno, mientras que dos siglos después, Jean-Jacques Rousseau (1712-1778), que se labró una reputación como pedagogo, mandó a todos sus hijos a un hospicio.

Como su compatriota Erasmo, el filósofo neerlandés Baruch Spinoza (1632-1677) era soltero y no tenía mucha experiencia con los niños, pero parecía tener la idea básica de que se rigen por sus impulsos corporales y que, «a causa de que su cuerpo está continuamente como en oscilación, ríen o lloran por el mero hecho de ver reír o llorar a otros»[1]. Søren Kierkegaard, otro filósofo soltero, era más cáustico en cuanto a las virtudes de los niños por encima de los adultos. «Prefiero hablar con niños, pues de ellos cabe esperar que acaben convirtiéndose en seres racionales; mas de aquellos que han llegado a serlo, ¡Dios me libre!»[2].

Descartes no escribió sobre los niños. Puede que fuera demasiado doloroso para él. El francés, aunque nunca se casó, tuvo una hija con su criada neerlandesa, Helena Jans van der Strom. Pero la muerte de la pequeña Francine a causa de la escarlatina con tan solo cinco años devastó a Descartes, según un artículo publicado hace poco en el *Bulletin Cartésien* oficial[3]. En efecto, la muerte de Francine Descartes en 1640 llevó a René a crear una efigie de su hija. Para el autor de *Principios de la filosofía* (1644), este objeto inerte representaba el dolor y la tristeza que sufre un padre tras morir un hijo. Al parecer, Descartes era buena gente. Cuando resultó evidente que Helena no podía casarse con él, le pagó la dote cuando se casó con un artesano del lugar[4].

Da la casualidad de que Descartes no fue el único filósofo que tuvo hijos fuera del matrimonio. La case-

1. Baruch Spinoza, *Ética*. Madrid: Alianza Editorial, 2011, p. 249.
2. Søren Kierkegaard, *O lo uno o lo otro (1)*. Madrid: Trotta, 2006, p. 45.
3. *Bulletin Cartésien XXXI*. París: Centre d'Études Cartésiennes, 2003, pp. 151-183.
4. Russell Shorto, *Descartes' Bones: A Skeletal History of the Conflict Between Faith and Reason*. Nueva York: Random House, 2008, p. 18.

ra de Hegel, Christiana Fischer, se quedó embarazada en la época en la que el joven filósofo, que entonces no tenía un duro, publicó *Fenomenología del espíritu* (1807). Hegel, que escribió mucho sobre la «vida ética», fue consecuente y pagó una pensión alimenticia para mantener a su hijo, Ludwig. Parece que Hegel, como buen dialéctico, siendo padre encontró el equilibrio entre la permisividad y la rigidez. Mary Wollstonecraft no era una idealista alemana, pero habría estado de acuerdo con él en que un buen padre «ni desatiende a sus hijos ni los consiente con caprichos inapropiados»[5].

5. Mary Wollstonecraft, *Vindicación de los derechos de la mujer.* Madrid: Cátedra, 2018.

O

Olor

Los filósofos de hoy se preocupan por conceptos abstractos: el «ser», la «esencia», el «significado» y cosas por el estilo. Antes se preocupaban por asuntos mucho más importantes, como por qué algunas cosas apestan. Epicuro halló la explicación: «En cuanto al olor, [...] nada produciría esta reacción excepto esas masas atómicas que salen del objeto y activan los órganos de los sentidos»[1]. ¡No está mal para un tío que vivió 2200 años antes de la llegada de la física cuántica!

1. Epicuro, «Carta a Heródoto», en *Obras completas*. Madrid: Cátedra, 2005.

P

PAN

Actualmente, los términos «epicureísmo» —una escuela de filosofía establecida por el filósofo griego Epicuro (341-270 a. C.)— y «hedonismo» —la corriente filosófica más amplia de la que formaba parte el epicureísmo— tienden a entenderse de una u otra forma como indicadores de una gratificación sensorial extrema y se suelen relacionar con el placer sexual y una vida de excesos.

Pero, en realidad, aunque Epicuro y sus seguidores entendían el placer como el principal beneficio y objetivo de la vida, lo trataban de una forma controlada y estricta. «El pan de cebada y el agua producen el más grande de los placeres», escribió[1]. También afirmó

---

1. Epicuro, «Carta a Meneceo», en *Obras completas*. Madrid: Cátedra, 2005.

que «la comida sencilla da tanto placer como una dieta cara». Olvídate de la *dolce vita* y lee lo que dijo: cí-
ñete al simple pan.

Otros filósofos también han escrito sobre el pan. «Las
bellotas estaban bien hasta que se descubrió el pan»,
dice una cita que a menudo se atribuye a Francis Bacon, a quien también le gustaba este alimento. Mary
Wollstonecraft (1759-1797) no pensaba tanto en el producto en sí, sino en el hecho de que las mujeres «se
pasan toda la vida trabajando para ganarse el pan»[2]. Y
cuentan que Buda, en la encarnación zen, dijo que «el
pan que tienes en la mano es el cuerpo del cosmos».
Al profeta Mahoma se le atribuye esta cita, tal vez apócrifa: «El pan alimenta el cuerpo pero las flores alimen-
tan el alma». Mientras tanto, la Biblia cristiana tiene
mucho que decir sobre el tema, desde nuestro «pan
de cada día» del padrenuestro (Mateo 6:11) a los pa-
nes milagrosos de Jesús que aparecen en los Evange-
lios. Parece que nadie tiene nada malo que decir del
pan, venga de donde venga. Y, a diferencia del producto, estas citas nunca se pondrán rancias.

PANTALONES

En su ensayo «Sobre la costumbre de vestirse», Montaigne hizo una profunda —o tal vez tonta, tú eliges— obser-

---

2. Mary Wollstonecraft, *Vindicación de los derechos de la mujer*. Madrid: Cátedra, 2018.

vación sobre quitarse los pantalones: «Del mismo modo
que plantas, árboles, animales y cualquier ser vivo están
naturalmente pertrechados con una protección suficien-
te para defenderse de la injuria del tiempo, [...] también
lo estábamos nosotros. Pero, como hacen quienes extin-
guen la luz del día con la artificial, hemos extinguido
nuestros propios medios con los medios prestados»[3].

Wittgenstein fue más práctico y prosaico cuando pronunció la frase atemporal «estos pantalones no pegan
con esta chaqueta». Es cierto que el filósofo austriaco
no era conocido por su elegancia al vestir y siempre
llevaba la misma chaqueta vieja de *tweed*, pero parece
que estaba obsesionado con los pantalones.

En uno de los seminarios que dio para el Círculo de
Viena, una sociedad de debate filosófico de los años
veinte de su ciudad natal, utilizó esta prenda como
ejemplo de forma repetida y contundente (no parece
que hubiera muchas mujeres en la audiencia): «En esta
sala, todo el mundo lleva pantalones. La oración significa que el profesor Schlick tiene puestos unos pantalones y que Waismann también». No sabemos si los
llevaban o no, aunque parece muy probable. Sin embargo, la expresión lingüística no es garantía de lo que
ocurre en el mundo «real». Y eso era lo que Wittgenstein quería decir desde un punto de vista filosófico,
pues siguió con una pregunta: «¿Cómo lo sé?»[4]. Como

3. Michel de Montaigne, *Los ensayos*. Barcelona: Acantilado, 2007.
4. Friedrich Waismann, *Ludwig Wittgenstein y el círculo de Viena*. México: Fondo de Cultura Económica, 1973.

era habitual en él, no respondió a la pregunta plantea-
da. Nunca podemos saber con certeza quién lleva los
pantalones... o si los lleva de verdad.

PASTILLAS

En la década de 1640, Thomas Hobbes —que al parecer era bastante hipocondriaco— opinó que «si [las pas-
tillas] se tragan enteras, tienen virtud curativa, pero si
se mastican, solemos vomitarlas y no surten efecto»[5].
Es debatible si esto se ajusta a lo que dice la farmaco-
cinética (ciencia del efecto de los fármacos) actual.

Quizá pienses que los filósofos aceptan la vida que
les ha tocado; «sufrir es saber, los que más necesitan
son quienes deben llorar más por la fatídica verdad de
que el árbol del conocimiento no es el de la vida», como
dijo Lord Byron[6]. Pero no, también tomaban pastillas.

David Hume se medicaba, si no con Prozac, con el
equivalente del siglo XVIII. Sabemos que tomaba dro-
gas contra «la escasez de ánimo» y siguió «un tratamiento de tónicos y píldoras contra la histeria». Parece que
este régimen funcionaba, porque conseguía «la reduc-
ción de los síntomas»[7]. Sigmund Freud también creía
fervientemente en el consumo de sustancias para ali-

---

5. Thomas Hobbes, *Leviatán.* Madrid: Alianza Editorial, 2018, p. 458.
6. Lord Byron, *Manfred*, Acto 1, Escena 1.
7. David Hume, «Carta al doctor George Cheyne»; en *The Cambridge Compa-nion to David Hume.* Cambridge: Cambridge University Press, 1993, p. 519.

viar síntomas. Uno de los primeros libros que publicó el psicoanalista tenía el título *Über Coca* (*Sobre la cocaína*).

PEDOS

Ya hemos hablado de los excrementos así que, obviamente, también debemos hablar de un asunto relacionado: las flatulencias. Una persona se ventosea entre 15 y 20 veces de media al día, según concluyó el estudio «Investigación de la producción normal de gases en voluntarios sanos», que publicó la revista científica cuyo título, *Gut*, es más que apropiado, ya que significa *tripa* en inglés[8].

Los pedos son uno de los asuntos favoritos de los niños traviesos y también de los filósofos; puede que muchos de ellos fueran más infantiles de lo creemos (véase NIÑOS). A Sócrates se lo conoce como el padre de la filosofía occidental. Sin embargo, las dos obras más famosas sobre este gran hombre fueron escritas muchos años después de su muerte por Platón, que lo convirtió en un sabio, y Jenofonte (402-354 a. C.), que lo representó como un valiente guerrero. La única persona que escribió sobre Sócrates mientras este vivía fue bastante menos respetuosa. El dramaturgo Aristófanes (445-385 a. C.) escribió que a Sócrates le gustaba tirarse pedos: «Y si hubiera entre vosotros algún

8. J. Tomlin, C. Lowis y N. W. Read, «Investigation of normal flatus production in healthy volunteers», *Gut* 32(6), 1991, pp. 665-669.

Patroclides que se está cagando, no tendría que resudar en el manto, sino que echaría a volar, se tiraría unos pedos, tomaría aliento y de nuevo volvería volando»[9].

Las ventosidades, según esta crónica contemporánea, eran una característica del filósofo. En otra de las obras de Aristófanes que se conservan, *Las nubes*, el personaje de Sócrates reflexiona sobre cuestiones meteorológicas pensando en las flatulencias. «Pues fíjate qué pedos tan grandes han salido de ese vientre tan pequeño. Y el aire este, que es infinito, ¿cómo no va a ser natural que produzca truenos tan grandes?»[10].

El mismo Platón trató el tema, con un tono más intelectual, para señalar que necesitamos remedios para los pedos: «¿Y el necesitar de la medicina cuando no obligue a ello una herida o el ataque de alguna enfermedad epidémica, sino el estar [...] llenos, tal que pantanos, de humores o flatos, obligando a los ingeniosos Asclepíadas a poner a las enfermedades nombres como "flatulencias" o "catarros", eso no te parece vergonzoso?»[11].

Por la misma época, Diógenes también filosofaba a través de los pedos. Se dice que cuando le preguntaron qué le parecía la famosa teoría de las formas de Platón, respondió tirándose un pedo.

9. Aristófanes, *Los pájaros. Las ranas. Las asambleístas*. Madrid: Alianza Editorial, 2017, p. 117.
10. Aristófanes, *Las nubes. Lisístrata. Dinero*. Madrid: Alianza Editorial, 2015, p. 68.
11. Platón, *La república*. Madrid: Alianza Editorial, 2013, p. 235.

Mucho de lo que sabemos de Diógenes viene de Metrocles (350-280 a. C.). Este antiguo alumno de Aristóteles se tiró un pedo mientras practicaba un discurso.
Dicen que se alteró tanto que se encerró y pensó en el
suicidio. Sin embargo, un amigo, Crates, fue a su casa
y preparó un plato de altramuces. Le hicieron tirarse
aún más pedos. Metrocles se dio cuenta de que las flatulencias eran naturales y volvió a la vida pública para
después escribir sobre todo sobre Diógenes, ¡un famoso pedorro! Tal vez no fuera una coincidencia.

Crates era un hombre instruido y puede que apren-
diera sobre las flatulencias gracias ni más ni menos que
a Hipócrates (460-370 a. C.), el fundador de la ciencia
de la medicina. El médico había escrito sobre el tema
—de forma científica, por supuesto—: «Todas las legum-
bres provocan gases [...]. El altramuz es la legumbre
menos perjudicial»[12]. Por cierto, Montaigne, que escribió más de mil años después, declaró: «Sé por experiencia que los rábanos blancos producen gases»[13].

Aristóteles, que escribió sobre todo, también trató
este asunto y lo definió de esta manera: «El pedo es el
aliento de la parte baja del estómago»[14].

En la Edad Media, en cambio, se hablaba poco de
los pedos —cosa que sorprende, ya que la dieta de la
época solía ser pobre— pero la preocupación filosófica

12. Hipócrates de Kos, *Regimen in Acute Diseases*. Cambridge: Loeb, 2012.
13. Michel de Montaigne, «De la semejanza de los hijos con los padres», *Los
ensayos*, Libro II. Barcelona: Acantilado, 2007.
14. Aristóteles, *Problemas*. Madrid: Gredos, 2004.

sobre ellos resurgió en el siglo XVIII, cuando Hume tomó el relevo. Obviamente, como empirista, aborrecía la especulación y basaba su teoría en la experiencia. Así que, cómo no, este fue el enfoque que adoptó para reflexionar sobre los pedos. El filósofo escocés era de buen comer y tenía, en sus propias palabras, «un apetito antinatural». Pero, en aras de la ciencia, se decidió a probar qué ocurriría en el espantoso caso de saltarse las tres comidas diarias. Acabó no recomendando el ayuno para nada, pues decía que ese autocastigo le dio como resultado «una gran cantidad de gases en el estómago». No obstante, tampoco le preocupaban mucho, porque «se van con facilidad»[15].

Más o menos al mismo tiempo, en 1722 para ser exactos, Jonathan Swift (1667-1745), conocido por ser el autor de *Los viajes de Gulliver*, publicó otro libro bajo pseudónimo. El alias deja claro de qué va. Era Don Pedo Pum-Indorst, supuesto profesor de Grandilocuencia en la Universidad de Cuescovia y el título del tratado era *El beneficio de las ventosidades*. Según el frontispicio, fue «traducido al inglés por petición y para uso de Lady Pedorra de Cuescoshire» por «Obadiah Silbón, asistente de retrete de la princesa de Culini de Cerdeña». ¡Aún se edita!

15. David Hume, «Carta al Dr. George Cheyne», en *The Cambridge Companion to David Hume*. Cambridge: Cambridge University Press, 1993, p. 519.

PENE

Antes de pasar al núcleo duro de este asunto, hagamos un recorrido histórico. Podemos empezar por Montaigne, que nos cuenta que los romanos «se limpiaban el miembro con lana perfumada»[16]. Este dato justifica, o al menos explica, las palabras del poeta romano Marcial (38-104): «De ti no quiero saber nada hasta que te hayas limpiado la herramienta con lana»[17].

Desde Platón hasta De Beauvoir, la historia de la filosofía de los penes comienza y termina con autores que tenían clarísimo con qué pensaban los hombres. Platón creía que «las partes del hombre que producen vergüenza, desobedientes y autónomas, igual que un animal que no obedece a la razón, intentan dominar todo como consecuencia de sus intensos deseos»[18]. Simone de Beauvoir estaba de acuerdo y, siguiendo a Freud, escribió en *El segundo sexo* que «el erotismo masculino se localiza definitivamente en el pene»[19]. Pero ninguno de los dos escribió tanto sobre el asunto como Aristóteles, que, como ya hemos visto, era una persona curiosa y meticulosa: primero decía de qué iba a hablar (*hoti*, «qué» en griego) y luego establecía las causas (*dioti*, «por qué»).

---

16. Michel de Montaigne, *Los ensayos*. Barcelona: Acantilado, 2007.
17. Marcial, XI, LXVIII, 20.
18. Platón, «Timeo», en *Ión. Timeo. Critias*. Madrid: Alianza Editorial, 2016, p. 161.
19. Simone de Beauvoir, *El segundo sexo*. Madrid: Cátedra, 2017.

Así que, cuando este gran hombre quiso entender por qué algunos engendraban más hijos que otros, empezó, naturalmente, describiendo varias formas de tener relaciones sexuales. Observó que «los peces copulan colocándose de lado uno junto a otro y eyaculan enseguida. Igual que en los hombres y en todos los animales semejantes, es necesario que antes de expulsar el semen contengan la respiración».

Entonces, ¿por qué unos tienen más descendencia que otros? Aristóteles creía que tenía que ver con la temperatura del semen y que, si el líquido seminal tardaba mucho en pasar y se enfriaba, el coito tenía pocas probabilidades de llevar a un embarazo. Como buen empirista, Aristóteles añadió su particular ejemplo humano: «Es el caso de quienes tienen el órgano genital grande: son menos fértiles que los que lo tienen mediano porque el esperma frío no es fecundo, y se enfría al ser llevado demasiado lejos»[20]. Aristóteles solo tuvo un hijo y una hija. Que cada uno saque sus propias conclusiones.

PEREZA

Paul Lafargue (1842-1911), el periodista caribeño que se casó con Laura, la hija de Karl Marx, fue un hombre excepcional. Nacido en Cuba de padres franceses

20. Aristóteles, *Reproducción de los animales.* Madrid: Gredos, 1994, pp. 70-71.

y criollos, pasó la mayor parte de su vida adulta en Francia, aunque también vivió por temporadas breves en Inglaterra y España. Antes de cumplir los setenta, y cuando Laura tenía sesenta y seis, se suicidaron juntos. Pero la razón por la que lo incluimos aquí es que escribió un libro con el interesante título de *El derecho a la pereza*. El libro empieza con un grito de guerra a favor de la ociosidad.

Un extraño delirio posee a las clases trabajadoras de los países donde domina la civilización capitalista. Esta locura trae como resultado las miserias individuales y sociales que han atormentado a la triste humanidad durante dos siglos. Este delirio es el amor por el trabajo, la furiosa pasión por el trabajo, llevada hasta el agotamiento de la fuerza vital del individuo y su descendencia. En lugar de enfrentarse a esta aberración mental, los curas, los economistas y los moralistas han sacralizado trabajo[21].

El manifiesto de Lafargue se abre con una cita de Gotthold Ephraim Lessing (1729-1781), un pensador y poeta muy respetado. Sin embargo, cuando era un estudiante de veintidós años y se bloqueó al escribir un ensayo, decidió que no le apetecía centrarse en los verbos latinos y escribió una oda a la pereza: «Seamos perezosos para todo, excepto para amar y beber, excepto para ser perezosos». En 1784, tras la muerte de

---

21. Paul Lafargue, *El derecho a la pereza*. Madrid: Maia Ediciones, 2011.

Lessing, el compositor Joseph Haydn (1732-1809) le dio música al poema[22].

No todos los pensadores comulgaban con la mentalidad de Lessing, y gustaba especialmente poco a los de las sotanas. El obispo George Berkeley, que era un filósofo muy dotado —y suponemos que bastante trabajador—, creía que «el Señor se oculta a los ojos de [...] los perezosos»[23]. Tomás de Aquino, por su parte, pensaba que la pereza denota «una tristeza por el bien espiritual» y llegó a la conclusión de que «es un mal [...] en dos sentidos, en sí misma y por sus efectos»[24].

A Bertrand Russell, por otro lado, le encantaba oponerse a los pensadores cristianos. Esto explicaría por qué escribió un libro con un título tan revelador como *Elogio de la ociosidad*, en el que, resumiendo, determinó que la pereza es productiva.

Aunque Russell creyera que su libro era innovador, en realidad seguía los pasos de autores anteriores, y entre ellos algunos antiguos griegos a los que les encantaba la pereza, aunque no siempre aplicaran lo que predicaban. Difícilmente podríamos afirmar que Aristóteles se pasó la vida haciendo el vago, pero escribió que «el disponer de ocio parece ser la base misma del placer, de la felicidad y de la vida dichosa. Esta no está al alcance

22. Joseph Haydn, «Lob der Faulheit», canción para voz y piano. Hob XX-VIa/22.
23. George Berkeley, *Tratado sobre los principios del conocimiento humano*. Buenos Aires: Losada, 2004.
24. Tomás de Aquino, *Suma teológica*.

de los ocupados en trabajos, sino de los que disfrutan de tiempo libre»[25]. O, como dice la cita atribuida al escritor romántico alemán Friedrich von Schlegel (1772-1829): «La pereza es un vestigio que nos queda de la existencia divina que tuvimos en el paraíso». Que dijera esto es cuestionable, pero ese mismo sentimiento no era ajeno a otros filósofos. Montaigne, aunque estuvo muy ocupado escribiendo uno de los libros más largos del canon del pensamiento occidental, creía que «no podía hacerle mayor favor a mi espíritu que dejarlo conversar en completa ociosidad consigo mismo, y detenerse y fijarse en sí»[26]. Sin embargo, reconoció que esta ociosidad produce alteraciones de la mente.

Pero en general, los filósofos y los demás grandes pensadores no han visto con buenos ojos la gandulería y la inactividad. Se dice que Solón (c. 630-560 a. C.), el político que sentó las bases para la democracia de la antigua Atenas, dijo que «la pereza es la madre de todos los males». No me parece justo. Como dice el chiste, ¡no les eches la culpa a los vagos, que no han hecho nada!

Perros

A Diógenes el Cínico (404-323 a. C.) se lo conocía como «el perro» (la palabra en griego antiguo *kynikós* significa perro).

25. Aristóteles, *Política*. Madrid: Alianza Editorial, 2015, p. 361.
26. Michel de Montaigne, *Los ensayos*. Barcelona: Acantilado, 2007.

El filósofo vivía en un *pithos*, es decir, una gran vasija de cerámica —y no, como suele decirse, un barril— junto al mercado. Nunca escribió una sola línea, pero veía a nuestros amigos de cuatro patas como seres superiores a los pretenciosos humanos, y declaró con orgullo: «Soy servil con los que me dan algo, ladro a los que se niegan y les clavo los dientes a los canallas». Las circunstancias de su muerte no están claras, pero algunos sostienen que fue el resultado de un mordisco de perro que se infectó y que, después de su muerte, los corintios le rindieron homenaje con un pilar sobre el que colocaron una escultura de mármol de un perro.

¿Pero era un perro? Si seguimos la lógica de Baruch Spinoza, sí. El neerlandés volvió a los primeros principios y afirmó en su *Ética* que el perro es el animal que ladra[27]. Germaine de Staël (1766-1817) habría apoyado el juicio de Diógenes sobre las bondades de los perretes en comparación con sus dueños: «Cuanto más conozco a los hombres, más me gustan los perros», se dice que declaró.

Y es que, durante esa época, los filósofos querían mucho a los perros. «El perro [...] parece amable y simpático»[28], dijo Hegel, otro amante de los canes.

Si bien hubo otros que no le tenían tanto cariño al mejor amigo del hombre (y de la mujer). Thomas Hobbes los detestaba y afirmaba que si un cánido mordía a un

27. Baruch Spinoza, *Ética*. Madrid: Alianza Editorial, 2011, p. 82.
28. G. W. F. Hegel, *Lecciones sobre la filosofía de la historia universal*. Madrid: Alianza Editorial, 2004.

hombre, lo infectaba con un «veneno» que tarde o temprano lo convertiría en un perro[29]. Como teoría es muy interesante. Sin embargo, que yo sepa, no se ha probado en ningún texto médico y se parece de manera sospechosa a la trama de la película de terror *Un hombre lobo americano en Londres*.

Hoy en día hay mucha gente que quiere perros con pedigrí. No sabemos si Aristóteles tenía perro, pero desde luego le interesaban más los mestizos que los de raza. Creía que «el cruzamiento de los perros molosos y los de Laconia produce perros notables por su coraje y laboriosidad»[30]. Wittgenstein, por su parte, veía defectos en la configuración de los perros y, al reflexionar sobre su mundo interior, se preguntó: «¿Por qué pueden los perros sentir miedo y no remordimiento?». Creía haber encontrado la respuesta: «Porque no saben hablar»[31].

PIES FRÍOS

Aristóteles era un gran observador del mundo que lo investigaba casi todo de forma empírica. Y basándose, debemos suponer, en experimentos detallados y controlados, este gran pensador concluyó que «es difícil o imposible tener relaciones sexuales con los pies

---

29. Thomas Hobbes, *Leviatán*. Madrid: Alianza Editorial, 2018, p. 409.
30. Aristóteles, *Historia de los animales*. Madrid: Akal, 1990.
31. Ludwig Wittgenstein, *Zettel*. Frankfurt: Suhrkamp, 1967.

fríos»[32]. Resulta que Aristóteles escribió un montón sobre los pies y no siempre en relación a los placeres de la carne. También notó que «de todos los animales, el hombre tiene el pie más grande en proporción con el tamaño de su cuerpo»[33]. Aristóteles nunca viajó a Australia, así que no conocía a los canguros, que tienen —eso creo— los pies más largos: un buen ejemplo de cómo la información disponible limita la investigación empírica.

PLACERES INOCENTES

¿Qué pueden tener de malo los placeres inocentes? Kierkegaard observó algo muy convincente: «Y ahora, los inocentes placeres de la vida. Una cosa hay que concederles, que solo tienen un fallo: ser inocentes»[34].

32. Aristóteles, *Problemas*. Madrid: Gredos, 2004.
33. Aristóteles, *Partes de los animales*. Madrid: Gredos, 2008.
34. Søren Kierkegaard, *O lo uno o lo otro (1)*. Madrid: Trotta, 2006, p. 51.

Q

QUESO

El queso rallado existe desde mucho antes de lo que piensas. Platón, en *La república*, ya habló del caso de un hombre herido a quien se «le daba a beber vino de Pramno profusamente espolvoreado con harina de cebada y queso rallado». Aunque reconoció: «¡Pues vaya una bebida extraña para quien estaba así!»[1]. Pero tuvieron que pasar casi dos mil años para que un gran pensador volviera a escribir sobre el queso.

Gottfried Wilhelm Leibniz (1646-1716) fue un genio universal y se lo reconoció como tal. De hecho, el también genio Albert Einstein (1879-1955) decía que él mismo era «leibniziano». La contribución más importante

---

1. Platón, *La república*. Madrid: Alianza Editorial, 2013, pp. 235-236.

de este filósofo a la metafísica fue la idea de las mónadas: su teoría del átomo definitivo indivisible e inmaterial que es la base de todas las cosas. Una idea más bien compleja y, en muchos aspectos, parecida a los conceptos de la física cuántica. ¿Y cómo la explicó? Pues recurriendo al queso, obviamente. Como le escribió a un colega escéptico: «No digo que los cuerpos normalmente llamados inanimados tengan percepciones y apetitos, sino que tienen algo parecido dentro, como los gusanos dentro del queso»[2]. No sé si esto termina de explicarlo bien.

Nuestro modesto amigo Epicuro (véase PAN) ponía el queso muy arriba en su lista de placeres permitidos: «Mándame el queso envasado para que, cuando guste, pueda darme un lujo»[3]. Al parecer, el griego tenía una dieta sencilla a base de queso de cabra. Nuestros apetitos epicúreos han cambiado mucho desde los tiempos del pensador que les dio su nombre.

Queso de cabra, Jarlsberg, Camembert, el que sea; es cuestión de gustos. John Locke señaló que «la mente tiene gustos diversos, del mismo modo que el paladar, [...] y sería inútil tratar de satisfacer el apetito de todos los hombres con queso o langosta, manjares que, aunque muy agradables y deliciosos para algunos, son para otros nauseabundos y ofensivos»[4]. Robert Louis

---

2. G. W. Leibniz, *Carta a Johann Bernoulli*, 17 de diciembre de 1698.
3. Epicuro, «Sentencias vaticanas», en *Obras completas*. Madrid: Cátedra, 2005, p. 118.
4. John Locke, *Ensayo sobre el conocimiento humano*. México: Fondo de Cultura Económica, 1999.

Stevenson (1850-1894), el autor de *La isla del tesoro*, confesó a sus lectores: «Llevo tantas noches soñando con el queso...»[5]. Wittgenstein también era fan del queso: el economista John Maynard Keynes (1883-1946) recordaba que cuando el filósofo austriaco lo visitó en 1929, le dio «queso suizo y pan de centeno para almorzar, que le gustaron mucho. A partir de entonces insistió en comer pan y queso en casi todas las comidas»[6].

Se dice, sin embargo, que comer demasiado queso da pesadillas, y Platón expresó su preocupación por sus efectos: «Me parece que todos los que toman en boca alguna práctica y empiezan, apenas es nombrada, a censurarla o alabarla, no obran adecuadamente, sino que hacen lo mismo que aquel que, al celebrar alguno un queso como buen bocado, se pusiera sin más a despreciarlo, sin averiguar sus efectos ni cómo ha sido administrado»[7]. Mary Wollstonecraft, por su parte, escribió que aquellos que vivían junto al mar y mantenían una dieta a base de «queso sufrían dolores poco comunes»[8] y escribió cuando viajaba por Suecia que «el queso [...] era la ruina de este país»[9]. Pero no todo el mundo hacía caso de estas advertencias. A Kant le gustaba tanto que supuestamente murió de un empacho de sándwiches de queso[10].

5. R. L. Stevenson, *La Isla del Tesoro*. Madrid: Alianza Editorial, 2011, p. 131.
6. *New York Times*, 5 de noviembre de 2009.
7. Platón, *Las leyes*. Madrid: Alianza Editorial, 2014, p. 131.
8. Mary Wollstonecraft, *Works, Vol. VII*. Londres: Routledge, 1985, p. 236.
9. Mary Wollstonecraft, «Cartas», en *Works, Vol. VI*. Londres: Routledge, 1985, p. 154.
10. Citado en «The Virtues of the Table: How to Eat and Drink», *Guardian*, 12 de enero de 2014.

Sí, el queso es un tema polémico. Al fin y al cabo, como dijo el difunto presidente francés Charles de Gaulle (1890-1970), «¿cómo se puede gobernar una nación que tiene doscientos cincuenta y ocho tipos de queso?»[11]. Es una buena pregunta, una que deberían tener en mente los ciudadanos de países como el Reino Unido, que tiene más de setecientas *variétés* de *fromage*. Si el francés estaba en lo cierto, deberíamos prepararnos para una anarquía inminente.

QUICHE

En 1992, el filósofo y profesor de Derecho de la Universidad de Miami Marc A. Fajer (nacido en 1961) publicó un artículo donde se preguntaba: «¿Pueden dos verdaderos hombres comer quiche juntos?». Los hombres, de verdad o no, pueden estar tranquilos, porque la respuesta es afirmativa[12]. Esta referencia al famoso pastel salado francés, que parece tan rara, viene de un libro publicado diez años antes, titulado *Los verdaderos hombres no comen quiche* de Bruce Feirstein, una sátira no tan irónica de los estereotipos de género de la época de Ronald Reagan.

---

11. Charles de Gaulle, *The New Yale Book of Quotations*. New Haven: Yale University Press, 2021, p. 203.
12. Marc A. Fajer, «Can Two Real Men Eat Quiche Together? – Storytelling, Gender-Role Stereotypes, and Legal Protection for Lesbians and Gay Men», *University of Miami Law Review*, 1992, p. 511.

Esta delicia horneada jugó su papel en en la guerra cultural incipiente hasta el punto de ser mencionada por el intelectual de izquierdas Noam Chomsky (nacido en 1928), a quien se le atribuye una cita sobre liberales elitistas que dirigen el mundo y que se dedican a beber vino francés y comer quiche, en lugar de entender a la gente corriente. ¡Debemos suponer que al lingüista de Massachusetts le parecía algo bueno!

R

RÁBANOS

«Los rábanos negros, por ejemplo, primero los encontré agradables, después molestos, ahora de nuevo agradables», escribió Montaigne en su ensayo «La experiencia»[1] (véase PEDOS). Él sabrá. Otros le daban un uso diferente a esta pequeña verdura. En un poema dirigido a su amante masculino, el poeta erótico latino Cayo Valerio Catulo (c. 84-54 a. C.) escribió «¡Con las piernas separadas y el culo abierto / te perforarán rábanos y berenjenas!»[2].

---

1. Michel de Montaigne, «La experiencia», *Los ensayos,* Libro III. Barcelona: Acantilado, 2007.
2. Catulo, *Poesías*. Madrid: Alianza Editorial, 2021, p. 74.

Retrete

«Estaba cagando cuando me llegó tu nota», empieza una carta escrita por Nicolás Maquiavelo. El filósofo político, natural de Florencia, continuó diciendo que «se encontraba en el baño pensando en la decadencia del mundo»[3]. No ha sido el único gran pensador que ha reflexionado sobre el mundo desde la ventajosa posición de la letrina, como se llamaba antiguamente a la habitación más pequeña de la casa. Es bien sabido que Martín Lutero escribió *Las noventa y cinco tesis* sentado en dicho trono.

Otros fueron más allá y propusieron que el mundo entero es un cagadero. Dice Voltaire:

El hombre y la mujer, creados en el Cuarto Cielo, se empeñaron en comer una galleta por variar de la ambrosía, que era su natural alimento. La ambrosía la exhalaban por los poros, pero tras haberse comido la galleta necesitaron evacuarla por la vía natural. Le preguntaron a un ángel dónde estaba el retrete.

—Bueno —contestó el ángel—, ¿veis ese pequeño planeta, a sesenta millones de leguas de aquí? Eso es el retrete del universo.

Fueron allí, se quedaron, y desde entonces el mundo ha sido como es[4].

3. Nicolás Maquiavelo, *Carta a Francesco Guicciardini,* 17 de mayo de 1521.
4. Voltaire, «Bien», *Diccionario filosófico.*

Y desde entonces estamos condenados a vivir no en «el mejor de los mundos posibles», como creía su personaje el doctor Pangloss, sino en lo que Voltaire consideraba el equivalente celestial de un inodoro.

Risa

Epicuro ha pasado a la historia por ser una persona alegre y, fiel a su *joie de vivre*, el filósofo griego creía que «debemos reír a la vez que buscar la verdad y cuidar de nuestro patrimonio»[5]. Es un buen resumen, ¿verdad? Pues no exactamente, porque los filósofos discrepan unos con otros casi por definición, incluso sobre por qué nos reímos. Henri-Louis Bergson (1859-1941), un francés bastante serio, dedicó un libro —con muy poca gracia— al tema, donde observó: «No hay comicidad fuera de lo propiamente humano. Un paisaje podrá ser bello, encantador, sublime, insignificante o feo; nunca será risible. Nos reiremos de un animal, pero porque habremos descubierto en él una actitud de hombre o una expresión humana»[6]. Básicamente, a la hora de reír, hay tres razones. Podemos:

1. Reírnos de otros.
2. Reírnos ante algo absurdo.

5. Epicuro, «Sentencias vaticanas», en *Obras completas*. Madrid: Cátedra, 2005, p. 102.
6. Henri Bergson, *La risa*. Madrid: Alianza Editorial, 2016, p. 36.

3. Reírnos cuando nos enfrentamos a horrores que requieren que descarguemos energía emocional.

Podemos examinarlas una a una. Para Hobbes, la risa era una forma de demostrar superioridad: «Es causada por un acto propio que agrada a quienes lo hacen, o por la percepción de alguna deformidad en los demás que, por comparación, hace que los que se ríen experimenten una repentina autocomplacencia»[7].

Arendt creía que la risa era más que eso. En su último libro, el más filosófico de ellos, *La vida del espíritu*, Arendt opinó que la risa era inocente y bastante diferente a la mofa que Hobbes le había atribuido, aunque también reconocía que la risa podía ser un «arma ante el miedo»[8].

Para ella, una carcajada también era una forma de aliviar el dolor. Supuestamente se obligó a reír descontroladamente mientras investigaba para *Eichmann en Jerusalén* (1963), su célebre libro sobre el juicio de uno de los principales responsables del Holocausto. Este enfoque a veces se relaciona con la «teoría del alivio en la risa». La importancia que adquiere algo depende de cuánto podamos bromear sobre ello. De ahí que hagamos bromas de muy mal gusto sobre los temas más truculentos y perturbadores para tratar de digerir lo impensable. La próxima vez que te ofendas, sé comprensivo. Puede que esa persona solo necesite un poco de alivio cómico.

---

7. Thomas Hobbes, *Leviatán*. Madrid: Alianza Editorial, 2018, p. 103.
8. Hannah Arendt, *La vida del espíritu*. Barcelona: Paidós, 2002.

Anthony Ashley Cooper, tercer conde de Shaftesbury (1671-1713) —cuyo abuelo, el primer conde, había sido mecenas de John Locke— fue el primer escritor en tratar el tema de la risa desde este punto de vista. En 1709 reflexionó que:

Los espíritus libres naturales de los hombres [y mujeres] ingeniosos, si son encerrados o controlados, encontrarán otras vías para moverse y aliviarse de sus limitaciones; y ya sea en el burlesco, la mímica o la bufonería, estarán encantados de desahogarse y vengarse de sus carceleros[9].

Otros autores han abordado de forma diferente las causas de la risa. A Kant se lo conoce por su estilo denso y severo, pero se mostró más claro y directo de lo habitual cuando observó que:

En todo lo que debe provocar una vivaz sacudida de risa ha de haber algún sinsentido (donde, pues, el entendimiento en sí no puede encontrar ninguna satisfacción). La risa es un afecto a partir de la repentina transformación de una tensa expectativa en nada[10].

Los fans de las etiquetas han llamado a esto «teoría de la incongruencia de la risa».

9. Shaftesbury, *Carta sobre el entusiasmo y «Sensus communis». Ensayo sobre la libertad de ingenio y el humor.* Barcelona: Acantilado, 2017.
10. Immanuel Kant, *Crítica del discernimiento.* Madrid: Alianza Editorial, 2012, p. 467.

Pero los beneficios de la risa no han convencido a todos los filósofos. El soso de Platón recomendaba que los guardianes de su estado ideal no fueran demasiado dados a la risa[11]. ¡Y eso no hace nada de gracia!

ROBAR

Puede que los filósofos no sean las personas más éticas del mundo, ni siquiera los que se dedican a la teoría moral. Kierkegaard, por ejemplo, creía que «lo robado es lo más agradable»[12]. No sabemos si el padre del existencialismo robaba en las tiendas o si se agenciaba las cosas de los demás de vez en cuando, pero en esta corriente filosófica se idealizaba bastante al ladrón. Albert Camus señaló con aprobación que Sísifo, la figura epónima de su famoso ensayo *El mito de Sísifo*, era un ladrón, y Jean-Paul Sartre escribió un libro entero sobre el escritor Jean Genet, que fue condenado por robo, titulado *San Genet, comediante y mártir*.

ROPA

A algunos filósofos les ha gustado ir a la moda. Aristóteles, según Diógenes Laercio (180-240), era un dandi

---

11. Platón, *La república*. Madrid: Alianza Editorial, 2013, p. 197.
12. Søren Kierkegaard, *Migajas filosóficas o un poco de filosofía*. Madrid: Trotta, 2007.

que «llamaba la atención por su vestimenta, anillos y corte de pelo»[13].

En cambio, Simone de Beauvoir afirmó que «la ropa no me interesa en absoluto» —aunque, paradójicamente, lo hizo en una entrevista para un artículo titulado «My Clothes and I»[14], literalmente «mi ropa y yo»—, y esa falta suya de interés por las prendas de vestir podría explicar por qué reconoció que «nunca se vestía hasta el mediodía» y que solía escribir en bata porque, como es propio de una existencialista, «una se siente mucho más libre».

En cambio, Bertrand Russell iba siempre hecho un pincel con su traje de tres piezas y no entendía que los demás pudieran tener una actitud distinta hacia la ropa. Pensaba que uno de «los cambios más curiosos en la vestimenta masculina» era «la costumbre, totalmente nueva, de que solo a las mujeres les importara la ropa, sobre todo en comparación con épocas pasadas». Y señaló que el diarista Pepys, en la época de Carlos II, en la década de 1660, gastaba más dinero en su propia ropa que en la de su mujer[15].

RUIDO

Antes de hacerse filósofo, Wittgenstein estudió Ciencias Naturales y la materia nunca dejó de fascinarlo. Pero

13. Diógenes Laercio, *Vidas y opiniones de los filósofos ilustres.* Madrid: Alianza Editorial, 2013.
14. Simone de Beauvoir, «My Clothes and I», *Observer*, 20 de marzo de 1960.
15. Bertrand Russell, *Mortals and Others.* Londres: Routledge, 2009.

es discutible si estaba tan bien formado como le hubiera gustado que creyéramos. Decía cosas como: «Puedes preguntar "¿eso ha sido un trueno o un disparo?". Pero no puedes preguntar "¿eso ha sido un ruido?"»[16]. Bueno, pues resulta que los físicos tienen una definición bastante buena de «ruido». El mismísimo Galileo Galilei (1564-1642) escribió que los ruidos son «sonidos que oímos cuando se agita el aire»[17]. No puede quedar más claro. Asimismo, Spinoza distinguió diferentes sonidos en *Ética:* «Los [objetos] que excitan el oído se dice que producen ruido, sonido o armonía»[18]. Así que, Wittgenstein, ¡vete a leer a los clásicos antes de decir tonterías!

16. Ludwig Wittgenstein, *Cuadernos (1914-1916).* Madrid: Síntesis, 2009.
17. Galileo Galilei, *El ensayador (Saggiatore).* Buenos Aires: Aguilar, 1981.
18. Baruch Spinoza, *Ética.* Madrid: Alianza Editorial, 2011, p. 117.

S

Sexo

Todo el mundo conoce el término «relación platónica», que designa, básicamente, un vínculo amoroso sin sexo. Ya que el concepto lleva su nombre, podríamos llevarnos la impresión de que Platón estaba a favor de estas relaciones castas. Todo lo contrario: «¿Puedes citarme algún otro placer mayor ni más vivo que el placer venéreo?», preguntó de forma retórica. Su respuesta no se hizo esperar: «No lo hay»[1].

De hecho, Platón escribió bastante sobre este asunto. Dijo que incluso los dioses podían verse superados por la pasión, hasta el punto de que podían llegar a olvidarse de todo lo demás: «Zeus, a quien la pasión amorosa le

1. Platón, *La república*. Madrid: Alianza Editorial, 2013, p. 229.

S

hace olvidar súbitamente cuantos proyectos ha tramado, velando él solo mientras dormían todos los demás dioses y hombres, y se excita de tal modo al contemplar a Hera, que no tiene ni paciencia para entrar en su aposento, sino que quiere yacer con ella allí mismo, en tierra, diciéndole que jamás se ha hallado tan poseído por un tal deseo, ni cuando se unieron la primera vez»[2].

Pero el deseo abrumador no es solo cosa de deidades. El sexo, según la filósofa de origen ruso Ayn Rand (1905-1982), creadora de la corriente del objetivismo capitalista, era «inmune a la razón» y se burlaba del poder de todos los filósofos. Rand, que era un poco promiscua, creía que las elecciones sexuales de una persona eran el resultado de sus ideas fundamentales. A grandes rasgos, lo que pensaba era: dime con quién te acuestas y te diré quién eres y en qué crees[3].

Aunque podría decirse que Immanuel Kant era un filósofo de mayor nivel, no tenía cosas tan profundas que decir sobre este tema. Formuló el famoso imperativo categórico, con cuyo intimidante nombre resumía la idea de comparar siempre nuestras acciones con los principios morales superiores. Uno de los «imperativos» de su libro decía que no deberías tratar nunca a otra persona «como mero medio, sino siempre y al mismo tiempo como un fin en sí mismo»[4].

2. Platón, *La república*. Madrid: Alianza Editorial, 2013, p. 201.
3. Ayn Rand, *The Voice of Reason*. Harmondsworth: Penguin, 1991, p. 36.
4. Immanuel Kant, *Fundamentación para una metafísica de las costumbres*. Madrid: Alianza Editorial, 2012, p. 146.

¿Y qué significa esto en la práctica cuando hablamos de sexo? El prusiano no veía con buenos ojos las relaciones sexuales y creía que, en la cama, siempre tratamos a los demás como si fueran solo un medio para un fin.

Se puede disponer de las cosas, las cuales carecen de libertad, mas no de un ser dotado de libre arbitrio. Al hacer eso, el hombre se convierte en una cosa y cualquiera puede hacer de él cuanto dicte su capricho, puesto que se ha desposeído de su dignidad personal. Otro tanto ocurre con quien hace de sí mismo un objeto de placer sexual para otro; en ese caso se mancilla asimismo a la humanidad, y este es un factor adicional del que avergonzarse[5].

La verdad es que el prusiano probablemente no tenía mucha experiencia de lo que estaba hablando, mientras que Ayn Rand tuvo, por decirlo así, una vida amorosa entretenida.

Rand se consideraba aristotélica, y podemos suponer que Aristóteles sabía bastante sobre este asunto, ya que escribió un montón sobre sexo, aunque de una forma más práctica. Hizo numerosas observaciones (véase PIES FRÍOS), como la de que «uno puede tener relaciones más fácilmente si está en ayunas» y la de que aquellos «que montan a caballo constantemente son más

---

5. Immanuel Kant, *Lecciones de ética*. Barcelona: Crítica, 1988, p. 164.

propensos al coito». Esto último, explicó, era porque los jinetes siempre están en movimiento, por lo que «tienen los cuerpos con los poros abiertos y están predispuestos para el acto sexual»[6].

Uno esperaría que Epicuro hubiera escrito con entusiasmo sobre este pasatiempo, pero sus reflexiones sobre el tema fueron bastante contenidas:

> Acabo de enterarme de que tus excitaciones carnales se hallan demasiado propensas a las relaciones sexuales. Tú siempre y cuando no quebrantes las leyes ni trastornes la solidez de las buenas costumbres ni molestes al prójimo ni destroces tu cuerpo ni malgastes tus fuerzas, haz uso como gustes de tus preferencias. Pero la verdad es que es imposible no ser cogido al menos por uno de estos inconvenientes, el que sea. Pues las cosas de Venus jamás favorecen, y por contentos nos podemos dar si no perjudican[7].

¿Quién querría ser epicúreo?

Puede que los placeres de la carne no tentaran a Tomás de Aquino, pero al parecer era bastante tolerante con quienes sí se dejaban llevar, puesto que «hay inclinaciones propias [...] de las leyes naturales, como las relaciones sexuales»[8]. Sencillamente, el santo italiano

---

6. Aristóteles, *Problemas*. Madrid: Gredos, 2004, p. 106.
7. Epicuro, «Sentencias vaticanas», en *Obras completas*. Madrid: Cátedra, 2005, p. 108.
8. Tomás de Aquino, *Suma teológica*.

no compartía esas inclinaciones. Cuentan que los padres del joven Tomás se llevaron un disgusto al enterarse de que quería meterse a fraile en vez de ser un caballero como su padre, y tomaron la cuestionable decisión de encerrarlo en una torre y mandar prostitutas desnudas para que lo tentaran. No tuvieron éxito. Al final, su madre se apiadó de él y lo ayudó a escapar por una ventana.

Silencio

Tomás de Aquino escribió mucho, pero también era consciente de que «el saber y la prudencia le llegan [...] a quien se contenta con sentarse en silencio»[9]. Puede que John Stuart Mill —que filosóficamente tenía bastantes diferencias con Santo Tomás— estuviera de acuerdo con esto cuando dijo en una reunión: «No tengo nada que decir ni pensar que sea útil sobre este tema»[10]. Así que decidió callarse. Hay muchas cosas que decir en favor de callarse, pero algunos se han pasado. Por ejemplo, parece un poco exagerado que Blaise Pascal (1623-1662) opinara que «todos los problemas de la humanidad vienen de la incapacidad del hombre de quedarse en silencio»[11].

9. *Idem.*
10. John Stuart Mill, *Public and Parliamentary Speeches.* Toronto: Toronto University Press, 2006.
11. Citado en «This column will change your life», *The Guardian*, 19 de julio de 2014.

SILLAS

Los filósofos pueden dividirse en idealistas* y realistas*. Para los primeros, todo lo tenemos en la cabeza y puede que no esté en el «mundo real». Para los segundos, el mundo que hay ahí fuera existe de forma independiente de nosotros. Wittgenstein, a pesar de no tener hijos, no podía evitar preguntarse si habría alguna diferencia si un niño pensara, como los idealistas, que la silla es un fenómeno mental o creyera, como los realistas, que las sillas existen de forma independiente a nuestra percepción. Wittgenstein dijo que «el idealista les enseñará a sus hijos la palabra "silla". Quiere enseñarles a traer la silla. Pero entonces surge una pregunta: ¿hay alguna diferencia entre los niños educados por idealistas y los educados por realistas?»[12]. Básicamente, ¿una silla es una silla? ¿Importa si crees que la silla es «real» o si la silla, como defenderían los idealistas, es solo una representación ante tus ojos? Sí, es una pregunta bastante filosófica. Y tal vez te demuestre que la filosofía no sirve para nada. O, quizá, como yo, puedes pasar horas pensando en el tema. Tú eliges.

12. Ludwig Wittgenstein, *Zettel*. Frankfurt: Suhrkamp, 1967.

T

TABACO

En los años cincuenta, muchos verduleros de los mercados parisinos tenían una copia de la muy intensa obra maestra teórica *El ser y la nada,* de Jean-Paul Sartre. El libro, publicado en 1943, tuvo un sorprendente éxito comercial. Quizá no se debiera tanto a que a los vendedores les interesara *la ontología* de la fenomenología**, como dice el subtítulo, sino a que este tratado de 692 páginas pesaba exactamente un kilo y podía sustituir a los pesos de cobre que se fundieron para hacer munición durante la guerra.

Pero si hubieran hojeado el libro entre cliente y cliente, habrían leído unas cuantas reflexiones sobre el tabaco. Por ejemplo, Sartre escribió: «Encontramos la unidad del mismo proyecto, desde el caso de la creación artística hasta el del cigarrillo que "es mejor cuando uno mismo se lo lía"»[1].

Según su pareja Simone de Beauvoir, el filósofo francés fumaba dos paquetes de *clopes* al día además de fumar en pipa, y, cuando le preguntaban qué creía que era lo más importante de la vida, respondía: «Todo, vivir, fumar».

Al fin, el médico de Sartre le dijo que, si no paraba, tendrían que amputarle primero las piernas, después los dedos y así sucesivamente. El existencialista respondió que se lo pensaría y luego dijo que lo dejaría el lunes. Cuando Beauvoir le preguntó si la idea de fumarse un último cigarro lo entristecía, contestó: «No. Si te digo la verdad, ahora me parecen bastante asquerosos»[2]. Nunca volvió a tocar el tabaco. Para un existencialista, la vida es elegir. Y Sartre lo hizo. Es muy sorprendente si tenemos en cuenta que se lo cita a menudo porque dijo que «la historia [...] debería ser solo [...] la historia del tabaco»[3].

El existencialismo y el tabaco parecen ir de la mano. Kierkegaard llegó a comparar el primer amor con el tabaco: «Disfrutas del momento y miras al amor como un fumador contempla el humo que exhala». Por mucho que le gustara, Kierkegaard era consciente de que fumar no es bueno. Reflexionando sobre la mejor for-

---

1. Jean-Paul Sartre, *El ser y la nada*. Barcelona: Altaya, 1993.
2. Citado en Richard Klein, *Cigarettes are Sublime*. Durham: Duke University Press, 1993, p. 40.
3. *Ibid.,* p. 41.

ma de conseguir que alguien deje el tabaco, dijo: «Si quisiera lograr que un hombre sienta aversión por el tabaco, le haría entrar en alguno de los fumaderos del Regensen [una famosa residencia para estudiantes en Copenhague en la que vivió Kierkegaard]»[4]. Pero hay muchos filósofos que no entran en la categoría de los existencialistas a los que también les gustaba fumar. Cuando Hannah Arendt asistió al juicio de Eichmann para escribir su libro, no entraba en la sala del tribunal y se quedaba en la de prensa, porque ahí podía fumarse sus Lucky Strikes o, de vez en cuando, un Camel. No sabemos qué marca fumaba James Baldwin, pero aparece en muy pocas imágenes sin un cigarro en la mano y hay innumerables referencias al tabaco en su obra. Sin embargo, por mucho que le gustara fumar, los cigarros que llevaba en el bolsillo le hacían sentir cierta culpa, tal y como escribe en su «Carta desde una región de mi mente», publicada en 1962[5].

Bertrand Russell, que escribió sobre todo, también escribió sobre el tabaco. Poniendo la mira en el cristianismo como de costumbre, el filósofo de Cambridge señaló que la Biblia no prohibía el tabaco, aunque «de haberlo conocido, no cabe duda de que san Pablo lo habría criticado»[6].

4. Søren Kierkegaard, *O lo uno o lo otro (1)*. Madrid: Trotta, 2006, p. 378.
5. James Baldwin, «Letter from a Region in My Mind». *The New Yorker*, 9 de noviembre de 1962.
6. Bertrand Russell, *Basic Writings of Bertrand Russell*. Londres: Routledge, 2009.

En el siglo XIX, el tabaco se consideraba un complemento indispensable para cualquier pensador que se preciara. Por ejemplo, Victor Hugo (1802-1885), autor de *El jorobado de Notre-Dame* y *Los miserables*, supuestamente dijo que «el tabaco es una planta que convierte los pensamientos en sueños». Más de cien años después, el filósofo político noruego Jon Elster (nacido en 1940) se hizo eco de esta idea:

> Organizaba mi vida en torno al tabaco. Cuando las cosas iban bien, me fumaba un cigarrillo. Cuando las cosas iban mal, hacía lo mismo [...]. Siempre tenía una excusa para fumar. Fumar se convirtió en un ritual para destacar aspectos sobresalientes de la experiencia y para imponer una estructura en lo que de cualquier otra forma hubiera sido una confusa ciénaga de acontecimientos. Fumar le ponía las comas, los puntos y coma, los signos de interrogación y de admiración y los puntos a la experiencia. Me ayudaba a alcanzar una sensación de dominio, de que controlaba los acontecimientos en vez de someterme a ellos. Este anhelo por los cigarrillos es un deseo de orden y control, no de nicotina[7].

Puede ser, pero fumar termina siendo una costumbre cara, sobre todo para un filósofo sin blanca. A Karl esto le sonaba. Su yerno Paul Lafargue recordaba que

---

7. Jon Elster, *Strong Feelings, Emotion, Addiction, and Human Behavior.* Boston: MIT Press, 1999.

«Karl Marx era un fumador empedernido [...]. *"El capital"*, me dijo una vez, "no me dará ni para pagar los puros que me fumé mientras lo escribía", pero gastaba más cerillas. Se olvidaba tan a menudo de la pipa o del puro que en poco tiempo vaciaba una cantidad increíble de cajas de cerillas para volverlos a encender»[8].

En la actualidad hemos interiorizado que fumar está prohibido en el transporte público, pero no era el caso a mediados del siglo XIX, cosa que molestaba sobremanera a John Stuart Mill. Raro para un hombre de su época, no le gustaba fumar. En 1868, como miembro del Parlamento de Westminster, propuso una enmienda a la Ley de Vagones del Ferrocarril.

A Mill le preocupaba que la libertad de los fumadores tuviera un efecto nocivo en los no fumadores. Esto iría en contra de su famoso principio del daño, que dice que «la única finalidad por la cual el poder puede, con pleno derecho, ser ejercido sobre un miembro de una comunidad civilizada, contra su voluntad, es evitar que perjudique a los demás»[9].

Y Mill creía necesario limitar la libertad de los fumadores, porque «el abuso del tabaco era tan grande y el incumplimiento del reglamento de las compañías [del ferrocarril] tan frecuente, que el tabaco en los trenes se había convertido en una molestia. No había vagón en el que no se fumara y que no oliera a tabaco rancio».

---

8. Paul Lafargue, *Souvenirs personnels sur Karl Marx,* 1890.
9. John Stuart Mill, *Sobre la libertad.* Madrid: Alianza Editorial, 2013, p. 38.

Pero Mill, que prefería trabajar desde el consenso, no defendió la prohibición total del tabaco. En vez de eso, propuso que «todas las compañías [...], en cada tren de pasajeros en el que haya más de un vagón para cada clase, tengan un compartimento para fumadores para cada clase de pasajeros»[10]. La enmienda se aprobó y, durante más de un siglo, los trenes británicos permitían que te echaras un piti por cortesía de este filósofo liberal. Se prohibió definitivamente fumar en los trenes en 2005, cuando las empresas GNER y First Caledonian retiraron sus compartimentos para fumadores. Podemos estar seguros de que a Mill le habría parecido bien.

El escritor y pensador francoargelino Albert Camus, ganador del Premio Nobel, otro existencialista al que le gustaba tanto fumar que llamó Cigarette a su gata, habría sufrido bajo este régimen. Aunque era muy inteligente y elocuente, a veces Camus —al igual que muchos de los personajes de sus obras de ficción, como Meursault, el protagonista de su novela de 1942 *El extranjero*— prefería callarse y fumarse un cigarro. Yo lo dejé hace décadas, pero lo entiendo.

TÉ

Beber la infusión de una planta autóctona de China es una parte esencial en la vida cotidiana de muchos países.

10. John Stuart Mill, *Public and Parliamentary Speeches.* Toronto: Toronto University Press, 2006.

Y, por supuesto, también en la de los filósofos. John Stuart Mill, que trabajaba para la Compañía Británica de las Indias Orientales, participaba en la importación de dicha planta y comenzaba su día con una taza de té, aunque no escribió mucho sobre el asunto.

Por el contrario, Adam Smith sí le prestó bastante atención. «El té», escribió en 1776 el profesor de filosofía que pasó a ser economista, «era un producto escasamente consumido en Europa antes de mediados del siglo pasado». Pero a Smith no le preocupaba tanto el sabor de las distintas mezclas como las ventas. «Pero hoy el valor del té importado por la Compañía de las Indias Orientales solo para consumo de sus compatriotas asciende a más de un millón y medio por año». ¡Serían más de 225 millones de euros! Y Smith creía que esto era una estimación prudente, pues había «un gran volumen que se introduce sistemáticamente de contrabando desde los puertos de Holanda, desde Gotemburgo en Suecia y también desde la costa de Francia»[11].

Desde luego, el té se popularizó mucho. George Orwell (1903-1950), autor de distopías muy británicas, también escribió sobre el té, y llegó a una conclusión tal vez polémica.

El té, a no ser que se beba al estilo ruso, debería beberse sin azúcar. Sé que la mayoría no está de acuerdo conmi-

11. Adam Smith, *La riqueza de las naciones*. Madrid: Alianza Editorial, 2011, pp. 287-288.

go, pero ¿cómo puedes decir ser un auténtico amante del té si destruyes su sabor al ponerle azúcar? Ponerle pimienta o sal sería igual de razonable. El té debe ser amargo, igual que la cerveza. Si lo endulzas, ya no saboreas el té, sino el azúcar; podrías hacer una bebida muy similar disolviendo azúcar en agua caliente[12].

A Fiódor Dostoyevski (1821-1881) también le gustaba el té, aunque, cómo no, lo prefería al «estilo ruso». Escribió el novelista: «Mando el mundo al infierno, pero siempre tomaré el té», y continuó: «Podría estar echando do espumarajos por la boca, pero bastaba que alguien me trajera una muñeca con que jugar o me diera una taza de té azucarado para que me calmase casi siempre»[13].

Pero, por muy obsesionados que estuvieran los novelistas rusos e ingleses con el té, su pasión no era nada comparada con la del poeta chino Lu Tong (790-835), que, durante la Dinastía Tang (618-907), se pasó la vida escribiendo sobre esta aromática bebida. «No me interesa en absoluto la inmortalidad», escribió. «Solo el sabor del té». Orwell habría discrepado: «El té de China tiene virtudes que no deberíamos despreciar hoy en día (es económico y puede beberse sin leche), pero no estimula mucho. Uno no se siente más sabio, valiente ni optimista después de beberlo»[14].

---

12. George Orwell en *Evening Standard*, 12 de enero de 1946.
13. Fiódor Dostoyevski, *Apuntes del subsuelo*. Madrid: Alianza Editorial, 2011, p. 23.
14. George Orwell. *Evening Standard*, 12 de enero de 1946.

TELÉFONO

Comparado con los 2400 años de filosofía occidental, el teléfono es un invento reciente. Así que no puede sorprendernos que no se le prestara atención hasta después de la década de 1930. Wittgenstein estudió ingeniería mecánica, pero puede que la razón por la que señaló que «por teléfono, uno puede transmitir palabras, pero no el sarampión»[15] no fuera su formación científica. Dicho esto, cuesta rebatirlo como afirmación empírica. Otras declaraciones sobre este dispositivo resultan más debatibles. Dicen que Alexander Graham Bell (1847-1922), inventor del teléfono, dijo que su gran ventaja «por encima de todos los demás aparatos eléctricos es que no requiere de ninguna habilidad para hacerlo funcionar». Es una afirmación muy optimista; si Bell viera cuánto me cuesta —al igual que a la gente de generaciones aún mayores que yo— usar el móvil, quizá habría reculado.

TENIS

Thomas Hobbes vivió hasta los ochenta y nueve años. Dicen que daba largos paseos y respiraba únicamente por la nariz para cuidarse la salud, pero hay otro secreto de su longevidad: Hobbes jugaba al tenis. Esta

15. Ludwig Wittgenstein, *Zettel*. Frankfurt: Suhrkamp, 1967.

pasión llegó hasta su filosofía, aunque insistía en que había una diferencia entre la filosofía política y las matemáticas, por un lado, y los deportes de raqueta, por otro: «La habilidad de establecer y mantener Estados radica en ciertas reglas, lo mismo que la aritmética y la geometría, y no, como es el caso en el juego del tenis, en la práctica solamente»[16].

Ludwig Wittgenstein no citó nunca a Hobbes ni, por lo que sabemos, jugaba al tenis. Pero escribió sobre el deporte favorito de los ingleses: «En los juegos de pelota se gana y se pierde; pero cuando un niño lanza la pelota a la pared y la recoge de nuevo, entonces ese rasgo ha desaparecido. Mira qué papel juegan la habilidad y la suerte. Y cuán distinta es la habilidad en el ajedrez y la habilidad en el tenis»[17].

A John Rawls le iba más el béisbol (véase BÉISBOL), aunque no le hacía ascos al tenis, pues era un deporte «basado en la idea de que el tiempo nunca se acaba». Esto significa «que siempre hay tiempo para que el bando perdedor remonte»[18]. Puede que Rawls hubiera visto la final de Wimbledon del año anterior, en la que Björn Borg perdió el primer set 6 a 1 contra John McEnroe y remontó hasta ganar en un partido mítico de cinco sets.

16. Thomas Hobbes, *Leviatán.* Madrid: Alianza Editorial, 2018, p. 276.
17. Ludwig Wittgenstein, *Investigaciones filosóficas.* Madrid: Trotta, 2021.
18. John Rawls, *Carta a Owen Fiss,* 18 de abril de 1981.

V

Vacaciones

Tanto si es un fin de semana en un hotel de cinco estrellas, una escapada económica o unos días de *glamping* en el Festival de Glastonbury, la mayoría de nosotros ansiamos salir de viaje. Algunos filósofos, sin embargo, no han visto las vacaciones con buenos ojos. Emily Thomas, en su libro *El viaje y su sentido: Cuando los filósofos se hicieron nómadas*, cuenta que Francis Bacon dijo que «viajar traerá el apocalipsis»[1].

Wittgenstein también criticó las vacaciones cuando escribió de forma desdeñosa que «los problemas filosóficos surgen cuando el lenguaje se va de vacaciones»[2].

---

1. Emily Thomas, *The Meaning of Travel*. Oxford: Oxford University Press, 2020.
2. Ludwig Wittgenstein, *Investigaciones filosóficas*. Madrid: Trotta, 2021.

V

Debió de ser algo que le preocupaba mucho, porque
después puso como ejemplo una conversación que da
a entender, como podemos ver en otros apartados de
este libro (véanse COMIDA y QUESO), que sus visitas
eran estresantes para todos los involucrados. ¿De qué
otra forma se puede interpretar esto?: «Se me pregunta: "¿Cuánto tiempo te vas a quedar aquí?". Contesto:
"Mañana parto; se acaban mis vacaciones"»[3].

Otros tenían mejores recuerdos vacacionales. El compatriota de Wittgenstein, Karl Popper, recordaba unas
vacaciones en 1932 «en las hermosas colinas tirolesas».
«Lo pasamos estupendamente», escribió, «hizo mucho sol y creo que todos disfrutamos muchísimo de
estas largas y fascinantes charlas»[4]. Popper y Wittgenstein eran rivales acérrimos, claro, así que no es de
extrañar que tampoco estuvieran de acuerdo en el placer de las vacaciones.

Popper no era muy fan de Platón; su libro *La sociedad abierta y sus enemigos* es una larga diatriba contra
el filósofo de la antigua Grecia. Pero sí había una cosa
en la que Popper y Platón coincidían: a los dos les gustaba irse de vacaciones. El griego escribió ya en su ve-
jez que a nadie se debía elogiar más que a los veranean-
tes, y que la persona que organiza las vacaciones debe
ser muy estimada y merece llevarse el primer premio[5].

3. *Idem.*
4. Karl Popper, *Conjectures and Refutations.* London: Routledge and Kegan Paul, 1963.
5. Platón, *Las leyes.* Madrid: Alianza Editorial, 2014.

Hannah Arendt habría estado de acuerdo. También apreciaba el relativo anonimato que pueden dar los viajes. Escribió: «Amar la vida es fácil cuando estás en el extranjero. Nadie sabe cómo te llamas y tienes tu vida en las manos, eres más dueña de ti misma que en ningún otro momento. En la opacidad de los lugares extranjeros, todas las referencias específicas a ti se difuminan»[6].

Hans Christian Andersen (1805-1875) lo expresó igual de bien: «Moverse, respirar, volar, flotar; ganarlo todo mientras das; recorrer los caminos de tierras remotas; viajar es vivir»[7].

VIÑEDO (Y VINO)

Arthur Schopenhauer no bebía. Sin embargo, el asceta alemán usó el viñedo como metáfora para decir que «la filosofía [...] es como el vino a las uvas»[8].

A John Locke el vino le interesaba de una forma más directa y empírica. «Cuanto más viejo es el viñedo, menos uvas da», observó, «pero mejor es el vino». El inglés era un tanto enófilo. Su preocupación —egoísta, quizá— estaba en los resultados y en la producción de una buena gota.

---

6. Hannah Arendt, *Rahel Varnhagen. La vida de una mujer judía*. Buenos Aires: El Cuenco de Plata Ediciones, 2020.
7. Hans Christian Andersen, *El cuento de mi vida*. Madrid: Ediciones de la Torre, 2005.
8. Arthur Schopenhauer, *El mundo como voluntad y representación (2)*. Madrid: Alianza Editorial, 2010, p. 534.

Informó debidamente de sus investigaciones y de las de otros, incluso cuando él mismo era escéptico. Por ejemplo, en sus viajes a Francia le habían contado que «un cuerno de oveja enterrado en la raíz de una vid hace que dé buen fruto incluso en tierra estéril». Admitió que «no tenía mucha fe en ello», pero añadió, con la mente abierta de un verdadero investigador, que merecía mencionarse, ya que podía probarse fácilmente[9].

No fue el único en escribir sobre el tema. Kierkegaard no había viajado mucho y no vio un viñedo en su vida, pero —tan confiado en sus propias capacidades como de costumbre— se sintió con derecho a dar consejos sobre el momento adecuado para la vendimia: «Como el racimo de uvas que al término de su sazón se hace transparente y lúcido, mientras su delicioso jugo se rezuma y filtra a través de las finísimas venas, o como cuando se rompe la cáscara de otra fruta plenamente madura»[10].

A diferencia de Kierkegaard, Hegel no escribió mucho sobre este tema, pero le gustaba tomarse una copa de vez en cuando. Lo sabemos, entre otras cosas, porque en una carta le pidió a su vendedor de vinos «otra botella de Pontac, como la que ya me envió»[11].

Se ha escrito mucho sobre las diferencias entre los empiristas británicos y sus colegas especulativos de la

9. John Locke, *Observations Upon the Growth and Culture of Vines and Olives.*
10. Søren Kierkegaard, *La repetición.* Madrid: Alianza Editorial, 2009, p. 41.
11. G. W. F. Hegel, *Carta a Ramann,* 12 de octubre de 1802.

Europa continental. Pero cuando Locke escribió su tratado *Observaciones sobre el crecimiento de las vides y las olivas* (1679), se alojó en el Château Haut-Brion, que por aquel entonces se conocía por el nombre de su propietario, monsieur Pontac. Sí, el hombre que producía la bebida favorita de Hegel. Así que, en las cosas importantes de verdad, las diferencias eran insignificantes. ¡Esto se merece un brindis!

X

XENOFOBIA

Hannah Arendt fue refugiada. Tuvo que correr por su vida, literalmente. Así que uno no esperaría que tuviera opiniones xenófobas y mucho menos racistas, como las de quienes defendían las leyes Jim Crow y la segregación racial en los Estados Unidos. Y aun así escribió: «La libertad de asociación, y por tanto de discriminación, tiene una mayor validez que el principio de igualdad»[1]. Sí, es muy triste. Pero los hay peores.

A veces, los grandes pensadores han tenido la mente muy cerrada y han sido —según nuestros valores—

---

1. Hannah Arendt, «Reflections on Little Rock», *Dissent Magazine*, invierno de 1959.

abiertamente xenófobos. Hegel, Kant y Hume, entre otros, defendieron teorías sobre la inferioridad de las personas negras y las características raciales predeterminadas.

Algunos se verán tentados a descartar esas teorías y eliminarlas del plan de estudios, lo cual resulta comprensible, pero no soluciona el problema. En vez de eso, conviene utilizar la tradición contra sus grandes maestros y señalar que estas ideas ignorantes y dañinas van en contra de los fundamentos principales —y positivos— de la tradición filosófica occidental. Tenemos que recurrir a las pruebas y los métodos científicos y éticos tanto para rebatir como para condenar.

Entonces, ¿por qué eran estos pensadores tan intolerantes? ¿Por qué incluso las mentes más brillantes albergaban prejuicios y temores hacia los «extraños»? Paradójicamente, la xenofobia solo surgió después de la Ilustración. Los antiguos griegos adoptaban una actitud diferente. El filósofo Jenofonte —un hombre tolerante— propuso un modo de ayudarnos a comprender el pensamiento de grupo:

Los etíopes dicen que sus dioses tienen la nariz chata y la piel oscura y los tracios que los suyos tienen los ojos azules y el cabello rojo. Si los bueyes, caballos y leones tuvieran manos y pudieran dibujar con esas manos y hacer las mismas cosas que los hombres, los caballos dibujarían dioses con forma de caballo y los bueyes, de bueyes, y cada uno haría que los cuerpos de los dioses tuvieran la misma forma que él mismo[2].

Jenofonte y Platón tenían opiniones bastante distintas pero ambos creían en la importancia de ser abiertos con los desconocidos y estaban lejos de ser racistas. Platón escribió, tal vez reflejando que Zeus es el patrón de los foráneos: «El extranjero, carente de amigos y de parientes, inspira una mayor compasión a hombres y dioses»[3]. Otro hombre instruido de la era helenística, el apóstol Pablo (5-64), opinaba de forma parecida: «No os olvidéis de la hospitalidad, porque por ella algunos, sin saberlo, hospedaron ángeles»[4].

2. Citado en Clemen, *Miscellanies V*. Londres: Routledge, p. 110.
3. Platón, *Las leyes*. Madrid: Alianza Editorial, 2014, p. 268.
4. Hebreos 13:2.

Z

ZAPATOS

«Hay gente que es fetichista de los zapatos y eso no tiene nada de malo», dijo el famoso diseñador de zapatos Jimmy Choo (nacido en 1948). A pesar de su ánimo de lucro personal, no hay duda de que el diseñador tenía razón. Imelda Marcos (nacida en 1929), esposa del antiguo dictador de Filipinas y madre del presidente actual del mismo país, abandonó más de 2700 pares de zapatos en su residencia cuando su marido fue derrocado.

No sabemos cuántos pares de zapatos tenía Hannah Arendt, pero tenía muy buena opinión del calzado. «Lo que diferencia al par de zapatos más endeble de los simples bienes de consumo es que no se estropean si no me los pongo, que tienen una independencia propia, por modesta que sea, que les permite sobrevivir durante un tiempo considerable a los cambios de ánimo de sus dueños. Se los use o no, permanecerán en el mundo durante cierto tiempo a no ser que se los destruya gratuitamente»[1].

Al filósofo pragmatista estadounidense John Dewey (1859-1952) le preocupaba más el propio acto de llevar zapatos: «El hombre que lleva el zapato sabe mejor que nadie que le aprieta, aunque el maestro zapatero es quien mejor sabe cómo remediar el problema»[2]. Lo de tener a los maestros zapateros en muy alta estima no era ninguna novedad. Platón veneraba a estos artesanos hasta el punto de otorgarle a Sócrates en sus diálogos la siguiente línea: «Quien no sabe qué son la ciencia ni el conocimiento no conoce el arte ni la ciencia de hacer zapatos»[3]. Por el contrario, la opinión pública no trata tan bien a los zapateros en las culturas orientales. Dice un famoso proverbio chino: «Tres zapateros apestosos hacen un Zhuge Liang», que fue el político más importante durante el periodo de los Tres Reinos y vivió aproximadamente entre los años 181 y 234.

ZUMO DE TOMATE

El filósofo John Locke dijo que nos apropiamos de las cosas cuando mezclamos nuestro trabajo con algo que

1. Hannah Arendt, *La condición humana.* Barcelona: Paidós, 2023.
2. John Dewey, *Political Writings.* Indianápolis: Hackett, 2001, p. 364.
3. Platón, *Teeteto.*

no es propiedad de nadie. A esto se le ha llamado «condición lockeana» y se formuló en el capítulo cinco de su famoso *Segundo tratado sobre el gobierno civil*. Así que, si yo produzco una botella de zumo de tomate y la derramo sobre el suelo —de forma indirecta— me mezclo con esa tierra y por tanto es mía. Casi trescientos años después, esto le dio que pensar al filósofo libertario Robert Nozick: «Si mezclas tu zumo de tomate con el mar, ¿pierdes el zumo y te conviertes en el dueño del mar?»[4].

4. Robert Nozick. *Anarquía, Estado y utopía*. México: Fondo de Cultura Económica, 1988.

Epílogo

Los filósofos han reflexionado bastante sobre los finales. Immanuel Kant escribió un famoso ensayo sobre *El fin de todas las cosas*, pero nunca llegó a una conclusión. Más o menos medio siglo después, Søren Kierkegaard publicó su famoso *Postscriptum no científico y definitivo*, un libro de ochocientas páginas escrito para completar sus *Migajas filosóficas*, que a su vez es un breve panfleto de apenas cien páginas tal y como aparece en las *Obras completas*. Parece ser que Kierkegaard tenía sentido del humor. O tal vez solo necesitaba un editor que le dijera dónde parar; tenía sus propios medios y autopublicaba sus libros.

Los finales son difíciles. Las despedidas también. Pero en el caso de la filosofía el problema es —como siempre— todavía más complejo. En otros ámbitos de pensamiento abstracto se termina con conclusiones. En matemáticas, se suele concluir con una prueba *QED* (*quod erat demonstrandum*, «qué era lo que se quería demostrar»). Algunos filósofos han querido hacer algo parecido, pero con poco éxito, porque la filosofía es una disciplina o un esfuerzo que solo acaba con más preguntas. El objetivo no es demostrar algo, sino hacerte pensar y que vuelvas a hacerte preguntas. Así que, como toda la filosofía que se precie, este libro tiene un final abierto y concluye invitándote literalmente a que pierdas el tiempo haciéndote preguntas y reflexionando, igual que han hecho algunos de los más grandes pensadores. Ahora te toca a ti.

Agradecimientos

Gracias a Rick Lewis y Grant Bartley de *Philosophy Now* por dejarme escribir para ellos y reutilizar material que probé con sus lectores. Gracias a Rowan Cope, mi editor en Duckworth, y a mi incansable agente, Jon Curzon, que me ayudó con sus sugerencias e infatigable apoyo cuando estaba empezando este libro. Por último, gracias al personal y los compañeros del Australian National University College of Law, que me acogieron y soportaron el parloteo de este escritor mientras trabajaba en este inútil —y por tanto importante— proyecto.

Bibliografía

AGUSTÍN, San, *Confesiones*. Madrid: Alianza Editorial, 2011.

—, *La Ciudad de Dios*. Madrid: Tecnos, 2010.

AL-FARABI, *Summary of Plato's Laws*. Ithaca: Cornell University Press.

ANDERSEN, Hans Christian, *El cuento de mi vida*. Madrid: Ediciones de la Torre, 2005.

AQUINO, Tomás de, *Suma teológica*.

ARENDT, Hannah y Martin Heidegger, *Correspondencia (1925-1975)*. Barcelona: Herder, 2017.

ARENDT, Hannah, *El concepto de amor en san Agustín*. Madrid: Encuentro, 2009.

—, *La condición humana*. Barcelona: Paidós, 2023.

—, *La vida del espíritu*. Barcelona: Paidós, 2002.

—, *Rahel Varnhagen. La vida de una mujer judía*. Buenos Aires: El Cuenco de Plata Ediciones, 2020.

—, «Reflections on Little Rock», *Dissent Magazine*, invierno de 1959.

ARISTÓFANES, *Las nubes. Lisístrata. Dinero*. Madrid: Alianza Editorial, 2015.

—, *Los pájaros. Las ranas. Las asambleístas.* Madrid: Alianza Editorial, 2017.

ARISTÓTELES, *De Somno et Vigilia.*

—, *Historia de los animales.* Madrid: Akal, 1990.

—, *Partes de los animales.* Madrid: Gredos, 2008.

—, *Política.* Madrid: Alianza Editorial, 2015.

—, *Problemas.* Madrid: Gredos, 2004.

—, *Reproducción de los animales.* Madrid: Gredos, 1994.

AVICENA, *Al-Ta 'līqāt.* Teherán: Iranian Institute of Philosophy, 2013.

BACON, Francis, *Novum organum.* Oxford: Clarendon Press, 1889.

—, *Of Gardens.*

BALDWIN, James, «Letter from a Region in My Mind». *The New Yorker,* 9 de noviembre de 1962.

BARTHES, Roland, *Lo obvio y lo obtuso. Imágenes, gestos y voces.* Barcelona: Paidós, 2021.

—, *Mitologías.* Madrid: Clave Intelectual, 2022.

BEAUVOIR, Simone de, «My Clothes and I», *Observer,* 20 de marzo de 1960.

—, *El segundo sexo.* Madrid: Cátedra, 2017.

—, *Los mandarines.* Barcelona: Edhasa, 1986.

BERGSON, Henri, *La risa.* Madrid: Alianza Editorial, 2016.

BERKELEY, George, *Tratado sobre los principios del conocimiento humano.* Buenos Aires: Losada, 2004.

BYRON, Lord, *Manfred.*

CATULO, *Poesías.* Madrid: Alianza Editorial, 2021.

CÉSAR, Julio, *Comentarios a la guerra de las Galias.* Madrid: Alianza Editorial, 2015.

CICERÓN, Marco Tulio, *How to Win an Argument: An Ancient Guide to the Art of Persuasion.* Princeton: Princeton University Press, 2016.

CONFUCIO, *Analectas.*

DAMROSCH, Leo, *Jean-Jacques Rousseau: Restless Genius.* Boston: Houghton Mifflin Harcourt, 2005.

DERRIDA, Jacques, *El animal que luego estoy si(gui)endo.* Madrid: Trotta, 2005.

DESCARTES, René, *Carta al Marqués de Newcastle*, 23 de noviembre de 1646.

—, *Discurso del método.* Madrid: Alianza Editorial, 2011.

—, *Philosophical Writings of Descartes, II.* Cambridge: Cambridge University Press, 1985.

DEWEY, John, *Political Writings.* Indianápolis: Hackett, 2001.

DILLON, Michael, «Derrida»; en T. Carver y J. Martin (eds.), *Palgrave Advances in Continental Political Thought.* Londres: Palgrave, 2005.

DIÓGENES LAERCIO, *Vidas y opiniones de los filósofos ilustres.* Madrid: Alianza Editorial, 2013.

DOSTOYEVSKI, Fiódor, *Apuntes del subsuelo.* Madrid: Alianza Editorial, 2011.

ELSTER, Jon, *Strong Feelings, Emotion, Addiction, and Human Behavior.* Boston: MIT Press, 1999.

EPICTETO, *Discourses, Books 3-4. The Encheiridion.* Londres: Loeb Classical Library.

EPICURO, *Obras completas.* Madrid: Cátedra, 2005.

FLAVIO JOSEFO, *Autobiografía. Sobre la antigüedad de los judíos*, Madrid: Alianza Editorial, 2015.

FOOT, Philippa, *Natural Goodness.* Oxford: Clarendon Press, 2003.

FREUD, Sigmund, *El chiste y su relación con lo inconsciente.* Madrid: Alianza Editorial, 2012.

GALILEO GALILEI, *El ensayador (Saggiatore).* Buenos Aires: Aguilar, 1981.

GARFF, Joakchim, *Kierkegaard: A Biography.* Princeton: Princeton University Press, 2005.

HEGEL, G. W. F., *Fundamentos de la filosofía del derecho.* Madrid: Tecnos, 2017.

—, *Lecciones sobre la filosofía de la historia universal.* Madrid: Alianza Editorial, 2004.

HEIDEGGER, Martin, *Construir, Habitar, Pensar.* Madrid: La Oficina de Arte y Ediciones, 2015.

HIPÓCRATES, *Regimen in Acute Diseases.* Cambridge: Loeb, 2012.

HOBBES, Thomas, *Leviatán.* Madrid: Alianza Editorial, 2018.

HUME, David, «Carta al Dr. George Cheyne», en *The Cambridge Companion to David Hume.* Cambridge: Cambridge University Press, 1993.

—, *Ensayos morales, políticos y literarios.* Madrid: Trotta, 2011.

—, *Tratado de la naturaleza humana.* Madrid: Tecnos, 2005.

KAMES, Lord, *Elements of Criticism.* Londres: Adamant Media Corporation, 2001.

KANT, Immanuel, *Crítica del discernimiento.* Madrid: Alianza Editorial, 2012.

—, *La metafísica de las costumbres.* Madrid: Tecnos, 2005.

—, *Lecciones de ética.* Barcelona: Crítica, 1988.

—, *Fundamentación para una metafísica de las costumbres*, Madrid: Alianza Editorial, 2012.

KIERKEGAARD, Søren, *Discursos edificantes en espíritu diverso.* Salamanca: Ediciones Sígueme, 2024.

—, *El instante.* Madrid: Trotta, 2025.

—, *La repetición.* Madrid: Alianza Editorial, 2009.

—, *Migajas filosóficas o un poco de filosofía.* Madrid: Trotta, 2007.

—, *O lo uno o lo otro.* Madrid: Trotta, 2006.

—, *Temor y temblor.* Madrid: Alianza Editorial, 2014.

KING, Peter, *The Life of John Locke.* Bohn: London, 1958.

LAFARGUE, Paul, *El derecho a la pereza.* Madrid: Maia Ediciones, 2011.

—, *Souvenirs personnels sur Karl Marx,* 1890.

LOCKE, John, *Observations Upon the Growth and Culture of Vines and Olives.*

—, *Pensamientos sobre la educación.* Madrid: Akal, 2012.

—, *Carta sobre la tolerancia.*

LUCRECIO, *La naturaleza de las cosas.* Madrid: Alianza Editorial, 2016.

MAQUIAVELO, Nicolás, *Carta a Luigi Guicciardini,* 9 de diciembre de 1509.

MCLELLAN, David, *Karl Marx: A Biography.* Londres: Macmillan, 2004.

MILL, John Stuart, «9 de enero de 1854», en *Diario.* Madrid: Alianza Editorial, 1996.

—, *Public and Parliamentary Speeches.* Toronto: Toronto University Press, 2006.

—, *Sobre la libertad.* Madrid: Alianza Editorial, 2013.

MILTON, John, *El Paraíso perdido.* Madrid: Alianza Editorial, 2019.

MONTAIGNE, Michel de, *Los ensayos.* Barcelona: Acantilado, 2007.

MORO, Tomás, *Utopía.* Madrid: Alianza Editorial, 2012.

MURDOCH, Iris, *El mar, el mar.* Barcelona: Lumen, 2019.

NIETZSCHE, Friedrich, *Así habló Zaratustra.* Madrid: Alianza Editorial, 2011.

—, *El crepúsculo de los ídolos.* Madrid: Alianza Editorial, 2013.

NOZICK, Robert, *Anarquía, Estado y utopía.* México: Fondo de Cultura Económica, 1988.

ORTEGA Y GASSET, José, *Estudios sobre el amor.* Madrid: Alianza Editorial, 2022.

PLATÓN, *Cratilo.*

—, *El banquete.* Madrid: Alianza Editorial, 2013.

—, *La república.* Madrid: Alianza Editorial, 2013.

—, *Las leyes.* Madrid: Alianza Editorial, 2014.

—, *Parménides*. Madrid: Alianza Editorial, 2015.

—, *Teeteto*.

—, «Timeo», en *Ión. Timeo. Critias*. Madrid: Alianza Editorial, 2016.

POGGE, Thomas, *John Rawls: His Life and Theory of Justice*. Nueva York: Oxford University Press, 2007.

POPPER, Karl, *Conjectures and Refutations*. London: Routledge and Kegan Paul, 1963.

QUINCEY, Thomas de, *Los últimos días de Immanuel Kant*. Cádiz: Firmamento, 2021.

QUINE, W. V., *Quiddities: An Intermittently Philosophical Dictionary*. Harvard University Press: 1989.

RAND, Ayn, *The Voice of Reason*. Harmondsworth: Penguin, 1991.

RAWLS, John, *Teoría de la justicia*. México: Fondo de Cultura Económica, 1995.

ROUSSEAU, Jean-Jacques, *Emilio o De la educación*. Madrid: Alianza Editorial, 2011.

—, *Escritos políticos*. Madrid: Trotta, 2006.

RUSSELL, Bertrand, *Basic Writings of Bertrand Russell*. Londres: Routledge, 2009.

—, *Elogio de la ociosidad*. Barcelona: Edhasa, 2000.

—, *Ensayos impopulares*. Barcelona: Edhasa, 2003.

—, *Mortals and Others*. Londres: Routledge, 2009.

—, *Why I am Not a Christian and Other Essays on Religion and Related Subjects*. Londres: Routledge and Kegan Paul, 1974.

SAFRANSKI, Rüdiger, *Un maestro de Alemania. Martin Heidegger y su tiempo*. Barcelona: Austral, 2015.

SANTAYANA, George, *La vida de la razón o fases del progreso humano*. Madrid: Tecnos, 2005.

SARTRE, Jean-Paul, *El ser y la nada*. Barcelona: Altaya, 1993.

SCHOPENHAUER, Arthur, *El mundo como voluntad y representación (1 y 2)*. Madrid: Alianza Editorial, 2010.

SEELEY, Thomas, *Honeybee Democracy*. Princeton y Oxford: Princeton University Press, 2010.

SHAFTESBURY, *Carta sobre el entusiasmo y «Sensus communis». Ensayo sobre la libertad de ingenio y el humor.* Barcelona: Acantilado, 2017.

SMITH, Adam, *La riqueza de las naciones*. Madrid: Alianza Editorial, 2011.

SPINOZA, Baruch, *Ética*. Madrid: Alianza Editorial, 2011.

STEVENSON, Robert Louis, *La Isla del Tesoro*. Madrid: Alianza Editorial, 2011.

THOMAS, Emily, *The Meaning of Travel*. Oxford: Oxford University Press, 2020.

VALAIN, Christiane ,«Descartes, correspondant scientifique de Constantyn Huygens», *Revue d'Histoire des Sciences,* 1998.

VOLTAIRE, *Cándido y otros cuentos*. Madrid: Alianza Editorial, 2013.

WAISMANN, Friedrich, *Ludwig Wittgenstein y el círculo de Viena.* México: Fondo de Cultura Económica, 1973.

WEIL, Simone, *El arraigo*. Madrid: Alianza Editorial, 2025.

WITTGENSTEIN, Ludwig, *Aforismos. Cultura y valor.* Barcelona: Austral, 2013.

—, *Cuadernos (1914-1916)*. Madrid: Síntesis, 2009.

—, *Investigaciones filosóficas*. Madrid: Trotta, 2021.

—, *Zettel*. Frankfurt: Suhrkamp, 1967.

Wollstonecraft, Mary, *Vindicación de los derechos de la mujer.* Madrid: Cátedra, 2018.

—. *Works*. Londres: Routledge, 1985.

Glosario

Sí, este libro va de cosas pequeñas, pero los filósofos a menudo utilizan palabras con un significado técnico específico, así que, por si no las conoces ya, aquí hay una breve selección para que todo se entienda mejor.

ANALÍTICA (FILOSOFÍA): Al principio del siglo XX, los filósofos británicos, inspirados por Ludwig Wittgenstein (que, para añadir confusión al asunto, era austriaco), empezaron a considerar todos los problemas filosóficos como problemas lingüísticos. Esta corriente, muy extendida en el mundo de habla inglesa, se conoce como *analítica* y a menudo contrasta con la filosofía *continental**.

CONTINENTAL (FILOSOFÍA): Término general para todas las filosofías no *analíticas* del siglo XX. Los filósofos de Europa continental siguieron interesados en el sentido de la vida (como los existencialistas) o en entender los significados más profundos (como los *fenomenólogos*, que buscaban la esencia de las cosas). Algunos de los escritores más famosos de la corriente continental son Jean-Paul Sartre, Martin Heidegger y tal vez Hannah Arendt, aunque pasó la mayor parte de su vida en Estados Unidos.

EMPIRISMO: Doctrina defendida sobre todo por filósofos británicos e irlandeses (como Locke, Berkeley y Hume), que dice que todo el conocimiento se basa en la experiencia.

ESTÉTICA: Para los filósofos, esta palabra no se limita a la belleza sino también a emitir juicios (que pueden ser subjetivos). Por eso el famoso libro de Kant *Crítica del juicio* trata, además de sobre nuestra forma de ver el arte, de cómo emitimos juicios en el sentido más amplio de la palabra.

ESTRUCTURALISMO: En la década de 1960, críticos literarios, filósofos, antropólogos y otros escritores humanistas franceses empezaron a buscar formas en las que sus estudios podían ser más científicos. El antropólogo francés Claude Lévi-Strauss (1908-2009) fue el primer académico en buscar estas estructuras en sus estudios sobre las tribus. Después, el marxista francés Louis Althusser (1918-1990) sostuvo en su libro *La revolución teórica de Marx* (1965) que el marxismo era un sistema científico y que los estudiantes deberían evitar al primer Marx, que era más poético.

ÉTICA: Esta palabra, como muchas otras en este ámbito, viene del griego *ēthikós*, que significa «relativo al carácter». Así que, resumiendo, es la ciencia de ser una buena persona.

FENOMENOLOGÍA: Doctrina de la filosofía continental que dice que la filosofía debería estudiar las cosas tal y como las vemos. La palabra griega *phainómenon* significa «lo que aparece».

IDEALISMO: Para Platón, el idealismo era la creencia de que todos nuestros juicios son comparaciones con las formas ideales que hay en el cielo. Para filósofos posteriores, sobre todo Kant, el idealismo es la idea de que todas nuestras observaciones pasan por el filtro de nuestras percepciones. Esta idea se resume con la frase «todo es según el color del cristal con que se mira». Kant también hablaba de «la cosa en sí» *(Das Ding an sich),* que es la forma de ser de las cosas, sin importar cómo las veamos.

LÓGICA: Las personas normales que no han estudiado filosofía suelen usar la palabra «lógico» para decir racional o razonable. Para los filósofos es diferente. La lógica trata la forma pura. Por ejemplo, para un lógico, las frases «si tengo hambre, hay comida en la nevera. Tengo hambre. Por tanto, hay comida en la nevera» son lógicamente ciertas, porque se formalizan de esta forma: Si P, Q; P, por tanto Q. Aunque en realidad estés esperando a que llegue el repartidor con la compra. Esto es un poco tonto, obviamente. ¡Pero así es el tema!

METAFÍSICA: Para los filósofos, se refiere a las afirmaciones sobre la naturaleza de las cosas. Viene del término griego *meta* («después») y «física». Aunque a veces ocurre, no siempre tiene que ver con ideas o entidades sobrenaturales como Dios o el alma. Así que, básicamente, este término describe cómo es el mundo en un sentido profundo y trata nociones elevadas como la «causa», el «efecto», la «posibilidad» y el «ser» (véase también «ontología»). Por tanto, para un filósofo, decir que tienes un libro en las manos es una afirmación metafísica.

ONTOLOGÍA: «Ser o no ser», esa era la cuestión para el Hamlet de Shakespeare. Cuando el príncipe danés reflexionaba sobre esto —seguramente sin saberlo— estaba ejerciendo la ontología. En el idioma de los filósofos, esto significa «el estudio del ser» o cuál es el significado profundo de la existencia. Sí, los griegos tenían una palabra para designarlo. La palabra *ontos* significa «lo que es».

POSESTRUCTURALISMO: A veces conocida como posmodernismo, esta escuela de pensamiento fue sobre todo una reacción al *estructuralismo.* Los posestructuralistas, como Jean Baudrillard (1929-2007), cuestionaban las grandes narrativas y defendían una forma de pensar más o menos radical que desafiaba las ideas del estructuralismo pero también, de forma más extendida, las ideas racionales de la Ilustración (que emanaron de pensadores como Descartes). Uno de los libros más famosos de esta escuela es *La Guerre du Golfe n'a pas eu lieu* (1991), cuyo título significa «La guerra del Golfo no ha tenido lugar».

RACIONALISMO: Pensamiento defendido sobre todo por filósofos de Europa continental (como Descartes, Spinoza y Leibniz), que dice que el conocimiento viene de nuestra mente y no de la experiencia. Por este motivo, Descartes pudo empezar a reflexionar con «pienso», antes de concluir con «luego existo». Todo lo que hizo después estaba en su mente.

REALISMO: Pensamiento filosófico que dice que el mundo exterior existe independientemente de cómo lo percibimos.

TELEOLÓGICO: La palabra griega *telos* significa «objetivo», y este término describe cualquier cosa que tenga un propósito o un fin claro (a menudo directo), normalmente una acción.

Índice onomástico